# LEADERSHIP POLITIQUE EN AFRIQUE

## PREMIER VOLUME

# PATRICE LUMUMBA
## EN AVANCE SUR SON TEMPS

**DIDIER NDONGALA MUMBATA**

ISBN 978-1-78222-913-1

Book design, layout and production management by Into Print
www.intoprint.net,
+44 (0)1604 832149

# CONTENU

Préface . . . . . . . . . . . . . . . . . . . . . . . . . . . . . . . . . . . . . . . . . . . . . . . . . . . . 5

Introduction . . . . . . . . . . . . . . . . . . . . . . . . . . . . . . . . . . . . . . . . . . . . . . . . 8

Chapitre I . . . . . . . . . . . . . . . . . . . . . . . . . . . . . . . . . . . . . . . . . . . . . . . . . 11
   Emergence d'une élite Congolaise . . . . . . . . . . . . . . . . . . . . . . . . . 11
   Principales influences sur les leaders congolais, et éducation . . . . . . . . 16
   Les lignes ethniques dans les organisations politiques congolaises . . . . 25

Chapitre II . . . . . . . . . . . . . . . . . . . . . . . . . . . . . . . . . . . . . . . . . . . . . . . 31
   Développements politiques dus à la Conférence de la Table Ronde . . 31
   La République du Congo sous la direction de Lumumba . . . . . . . . . . 36
   La mort d'un prophète . . . . . . . . . . . . . . . . . . . . . . . . . . . . . . . . . . 44

Chapitre III . . . . . . . . . . . . . . . . . . . . . . . . . . . . . . . . . . . . . . . . . . . . . . 54
   Charisme et comportement de l'élite . . . . . . . . . . . . . . . . . . . . . . . . 54
   Le rôle de la propagande politique au Congo . . . . . . . . . . . . . . . . . . 58
   Le rôle de la musique dans la politique du Congo . . . . . . . . . . . . . . . 64

Conclusion . . . . . . . . . . . . . . . . . . . . . . . . . . . . . . . . . . . . . . . . . . . . . . 70

   *Références* . . . . . . . . . . . . . . . . . . . . . . . . . . . . . . . . . . . . . . . . . . . 75

# *PRÉFACE*

EN 1997, ALORS QUE JE suivais des cours de langage politique, de rhétorique et de propagande, d'économie politique et de leadership politique à l'Institut de sciences politiques de l'Université de Copenhague, je me suis rendu compte que les étudiants américains et européens, qui suivaient les mêmes cours que moi, connaissaient très peu l'Afrique, son histoire, ses habitants et sa géographie. En effet, dans les cours de leadership politique, l'étude se concentre sur les leaders politiques extraordinaires qui ont façonné l'histoire du monde, tels que Niccolo Machiavelli, Napoléon Bonaparte, John Fitzgerald Kennedy, Martin Luther King, Adolf Hitler, Vladimir Ilitch Oulianov Lénine, Thomas Woodrow Wilson, Mahatma Ghandi, Jules César, Thomas Jefferson, Abraham Lincoln, Jeanne d'Arc, Genghis Khan, etc. La liste est très longue, mais aucun leader africain n'est mentionné.

Ainsi, pour de nombreux Américains et Européens, l'Afrique a commencé à exister par la colonisation, et ce sont généralement les crises qui absorbent l'attention des gros titres, des écrivains et des commentateurs de télévision en Europe, en Amérique et dans le reste du monde. Comparativement, on fait peu de cas des réussites africaines qui sont pourtant nombreuses. En fait, les sociétés africaines avaient atteint différents niveaux de sophistication politique bien avant la colonisation. Elles étaient organisées, des formes les plus simples aux plus complexes, en bandes, lignages, chefferies, royaumes et empires.

L'objectif principal de ce livre est de faire connaître les grands leaders politiques africains dans le monde entier et que tous les peuples du monde portent un regard nouveau sur le rôle du leadership politique dans la vie politique africaine. Les vieux mythes selon lesquels les Africains n'avaient pas d'histoire propre, qu'ils n'avaient développé aucun système politique, social et économique avant l'arrivée des Européens, ne sont plus crédibles. Les preuves de la propre histoire de l'Afrique existent sous de nombreuses formes, dans l'archéologie, dans les structures linguistiques, dans les artefacts de la vie et du travail, dans les styles de construction, dans les coutumes et structures sociales et économiques, dans les traditions orales, dans l'art et l'écriture. L'histoire ou la question de la colonisation de l'Afrique est si complexe. Mais, tout le monde semble complètement oublier que ce sont les habitants de ce continent qui ont inventé, il y a des milliards d'années, les mathématiques, la médecine, l'architecture, l'écriture, la civilisation, etc. Et toute personne sensée ne peut comprendre comment les Européens ont prétendu avoir civilisé l'Afrique, un continent qui, bien avant leur arrivée et bien avant eux, avait inventé la civilisation. Quel paradoxe !

Et en ce qui concerne les enregistrements des événements historiques, de nombreux leaders politiques africains peuvent être considérés comme candidats au rôle de héros politiques historiques, de grands hommes tels que Soundiata Keita, Mani Kongo Nzinga Nkuvu, Gamal Abdel Nasser, Kwame Nkrumah, Léopold Sédar Senghor, Patrice Emery Lumumba, Nelson Rolihlahla Mandela, Nimi A Lukeni, Almamy Samory Touré, Chaka zulu, Kimpa Vita Nsimba, Simon Kimbangu, Mansa Kanga Moussa, etc. Chacun d'entre eux, d'une manière ou d'une autre, a influencé les événements historiques et façonné l'histoire de l'Afrique. Par exemple, Mansa Kanga Moussa, le roi des rois du Mali de 1312 à 1337, un empire à l'ouest de l'Afrique, est considéré comme l'homme le plus riche de l'Histoire de l'humanité avec plus de 400 milliards de dollars, car jusqu'à ce jour, personne n'a possédé une telle somme d'argent.

Le premier volume des livres sur le Leadership Politique en Afrique est consacré au leader politique congolais Patrice Emery Lumumba, à son apparition dans la vie politique congolaise, à la manière dont il s'est façonné dans l'histoire du monde, aux idées que les gens se faisaient de lui et à l'oeuvre qu'il a accomplie. Les politiciens, les journalistes et même les universitaires ont tendance à formuler des observations sur le comportement politique en termes de pensées et d'actions de personnalités de premier plan associées à des sociétés particulières et à des époques historiques particulières. Je crois sincèrement que la tendance à se concentrer sur les personnalités dominantes pour expliquer le comportement politique est encore plus actuelle dans le cas de l'histoire récente de l'Afrique qu'elle ne l'a été pour de nombreuses autres régions du globe. Car, face à la faiblesse des institutions et à des scènes politiques de nature kaléidoscopique, la prolongation du mandat de certains leaders politiques africains permet d'accrocher un crochet un peu stable à l'analyse politique. En effet, l'influence de Patrice Lumumba sur la vie des Congolais, sur la manière dont les Congolais ont pensé et agi, mérite d'être analysée politiquement. Les conséquences des événements, qui ont conduit à l'indépendance du Congo, auraient été profondément différentes s'il n'avait pas agi comme il l'a fait. Il était certainement un leader politique exceptionnel, mais il est malheureusement arrivé trop tôt sur la scène politique de la République Démocratique du Congo.

Ce pays a connu plusieurs changements de nom, passant de l'État Indépendant du Congo en 1885, au Congo Belge en 1908, à la République du Congo en 1960, à la République Démocratique du Congo en 1961, à la République du Zaïre en 1971, puis encore une fois à la République Démocratique du Congo en 1997. C'est le deuxième plus grand pays d'Afrique en superficie après l'Algérie, et plus de 300 groupes ethniques, qui parlent entre 300 et 600 dialectes et langues, y vivent. Avant la colonisation européenne, les peuples du Congo faisaient partie d'empires, de royaumes et de petites communautés de villages forestiers. Le royaume le plus célèbre était peut-être le Kongo, établi dès le 13e siècle. Ce royaume chrétien entretenait des relations diplomatiques avec le Portugal, l'Espagne et le Vatican. À l'est, l'empereur de l'empire Lunda entretenait des relations avec les Portugais et commerçait avec les Arabes.

La finalisation de ce livre n'aurait pas été possible sans une aide précieuse. Je suis redevable à certains écrivains, car leurs livres ont élargi mes connaissances et amélioré ma compréhension de l'Afrique, ce continent immensément riche en ressources naturelles. De nombreux Congolais, en tant que témoins des événements des années 1950 et 1960, devraient recevoir une reconnaissance particulière pour les idées qui ont abouti à cette étude. Parmi ceux à qui je dois beaucoup, en raison de leurs conseils et de leur inspiration, figurent mon père Paul Ndongala Nzinga Mumbata, l'un des "évolués" congolais (Congolais éduqués et occidentalisés) et ma mère Germaine Madiensi Mandina, l'une des rares femmes congolaises enseignantes des années 1950. Enfin, je suis reconnaissant au professeur Tom Bryder, directeur des programmes d'études internationaux au Danemark pour son aide précieuse et ses encouragements.

# INTRODUCTION

BIEN QUE CHAQUE PAYS AIT sa propre structure d'autorité particulière, les leaders et le leadership ont toujours constitué une partie inéluctable de l'existence sociale humaine à tous les niveaux de la société. En effet, le leadership devient nécessaire au succès et à la survie de toute organisation. Il est conçu comme une forme d'influence ou de persuasion et une fonction d'un processus de groupe, ou une fonction de la personnalité individuelle. En général, le leadership politique se distingue des autres formes de leadership. Il signifie le contrôle des politiques qui affectent le bien-être de la population et aussi la capacité de transformer un fort sentiment public en une croisade personnelle.

Un leader politique potentiel contrôle des attributs qui sont rares mais admirés et qui lui permettent de prétendre à la prééminence sur les autres dans la société. Sa prééminence établit un ensemble de droits, de privilèges, de devoirs et de modèles de comportement qui le distinguent de la masse. Mais un leader politique exceptionnel façonne-t-il vraiment l'histoire de l'humanité? Ou l'histoire nous emporte-t-elle inévitablement dans son sillage? La réalité est certainement plus complexe. Peut-être faut-il qu'il y ait une adéquation entre l'individu et l'environnement social pour que le leadership et l'évolution sociale se produisent. Un génie donné peut arriver soit trop tôt, soit trop tard.

Cependant, dans certains cas, les individus ont certainement un impact profond sur les résultats politiques. Il est évident que l'impact que certains grands hommes ont eu sur les résultats politiques de leur époque était largement disproportionné par rapport à l'impact exercé par d'autres individus opérant au cours des mêmes périodes. Il s'agissait de leaders "créateurs d'événements" dont les actions étaient les conséquences de capacités exceptionnelles d'intelligence, de volonté et de caractère plutôt que des simples accidents de position. Ils ont réussi à laisser leur empreinte dans l'histoire grâce à leur capacité à organiser et à soutenir des activités qui ont conduit à la mise en oeuvre de leurs idées et de leurs programmes. Pour le meilleur ou pour le pire, ils ont été capables d'attirer l'attention sur les besoins et les problèmes critiques de l'époque, de communiquer avec les membres des couches politiques pertinentes de la société et de mobiliser les ressources humaines et matérielles nécessaires pour atteindre des objectifs importants; de ce fait, ils ont été capables de créer des choses extraordinaires et nouvelles.

Par conséquent, partout dans le monde habité, à toutes les époques et dans toutes les circonstances, les mythes d'un homme ont fleuri. Au Congo-Kinshasa, le trait le plus marquant de la scène politique a été la personnalité de Patrice Emery Lumumba. Dans les années 1950 et jusqu'à son assassinat le 17 janvier 1961, il était incontestablement le plus grand leader du Congo des temps modernes. Son emprise charismatique sur la masse congolaise était une réalité en Afrique et le reste du monde. Il représentait toute une génération de jeunes congolais ayant atteint une certaine maturité et qui ont fourni un leadership politique à la lutte pour l'indépendance. Très tôt dans sa vie politique, Patrice Lumumba a manifesté les caractéristiques d'un homme né pour diriger. Il a vécu comme un homme libre et un penseur indépendant. Tout ce qu'il a écrit, dit ou fait était le produit de quelqu'un qui savait que sa vocation était celle d'un libérateur. Lecteur insatiable, il a poursuivi sa formation en s'initiant à un large éventail de sujets, dont le droit, l'économie et la philosophie. Il était vraiment un homme exceptionnel ou un génie. De tels hommes ont toujours des qualités exceptionnelles qui peuvent les placer au-dessus des autres. Mais, ils ont aussi des défauts qui peuvent éventuellement les détruire.

Le panafricanisme franc et le dévouement inconditionnel pour le Congo de Patrice Lumumba ont fait de lui l'ennemi des puissances occidentales, notamment des États-Unis d'Amérique et de la Belgique, la puissance coloniale. Il n'avait qu'une idée en tête: lutter pour l'indépendance, c'est lutter pour l'unité nationale. Il pensait que l'indépendance politique devait naturellement être fondée sur la liberté économique et sociale. Il a donc résisté à toute forme de contrôle extérieur, appelant au contraire les Congolais à compter sur leurs propres forces. Ardent nationaliste congolais, il a cherché à préserver l'intégrité d'une nation menacée par les conflits ethniques, la fragmentation régionale, les conflits du travail, l'effondrement de la bureaucratie, les mutineries militaires et l'ingérence internationale. Bien que ces difficultés se soient avérées insurmontables, permettant ainsi à ses ennemis de l'arrêter et de l'assassiner, il est aujourd'hui vénéré comme un martyr héroïque des indépendances africaines et un puissant symbole contre l'impérialisme.

# *CHAPITRE I*

## Emergence d'une élite congolaise

Le processus d'émergence de l'élite congolaise peut être lié à des événements majeurs, tels que la lutte pour l'indépendance, la grève des travailleurs et les mouvements de résistance, qui ont conduit à la création de toutes sortes d'organisations. Et pour comprendre le milieu social qui a produit le leadership de Patrice Lumumba, il est nécessaire de souligner un certain nombre de réalités historiques qui ont laissé une empreinte profonde sur l'élite politique congolaise.

L'imposition de l'administration, du commerce et de la religion des européens sur la vie traditionnelle congolaise a conduit à la montée des mouvements de résistance et de protestation. Il y a eu des cas de résistance armée chez les Azande dans le nord-est du Congo, les Yaka dans le sud-ouest, les Luba-Katanga dans le sud-est, etc. En outre, il y a eu des soulèvements isolés en réponse à des abus locaux spécifiques de la population congolaise. Contrairement à un mythe très répandu, la tribu Tetela de Patrice Lumumba, en tant que groupe, ne s'est pas soulevée contre l'établissement et la consolidation de la domination coloniale, et une grande partie de l'activité rebelle s'est déroulée en dehors du territoire Tetela, bien que de nombreux rebelles des deux côtés du Lualaba étaient des Tetela. Quoi qu'il en soit, la résistance parmi tous ces peuples a été plus ou moins continue, commençant sous l'État Indépendant du Congo et se poursuivant pendant les premières années après l'annexion. Mais malheureusement, les Congolais n'avaient aucun moyen politique formel de s'exprimer collectivement au début de la période coloniale, principalement parce qu'au moment où les Européens ont décidé d'annexer le Congo, le pouvoir de la plupart des États précoloniaux centralisés avait atteint son apogée. Les puissants royaumes et empires, tels que Kongo, Luba, Lunda, Kuba, etc, étaient malheureusement trop faibles pour organiser une résistance armée soutenue contre les armées bien organisées dirigées par les Européens.

Cependant, la protestation politique était souvent organisée par des mouvements religieux et des églises séparatistes qui affirmaient les valeurs congolaises. Le plus célèbre d'entre eux était le Kimbanguisme qui est généralement considéré comme le plus important mouvement religieux chrétien indépendant d'Afrique centrale. Simon Kimbangu s'est inspiré de la secte des Anthoniens, un mouvement messianique de type black consciousness dirigé par une jeune femme prophète du nom de Kimpa Vita Nsimba, née en 1684 et connue dans les livres d'histoire européens sous le nom de Dona Beatriz. Dans les années 1700, Kimpa Vita a défini sa mission comme étant de restaurer le royaume Kongo dans sa gloire et sa pureté anciennes. Elle fut condamnée pour hérésie et brûlée sur le bûcher le 2 juillet 1706. Mais sa vision de la renaissance africaine et du black power sera partagée par les prophètes congolais modernes, à commencer par Simon Kimbangu.

Bien qu'il n'ait été actif que quelques mois avant d'être arrêté par le gouvernement colonial, Simon Kimbangu, né le 12 septembre 1887 à Nkamba, a développé un mouvement religieux qui s'est ensuite transformé en une grande église bien organisée appelée l'Église de Jésus-Christ sur terre par le prophète Simon Kimbangu", mais bien connue en Afrique et ailleurs sous le nom de Kimbanguisme. Et cette nouvelle église est devenue membre du Conseil oecuménique des églises en 1969. Tout a commencé en 1921 lorsque Simon Kimbangu a rêvé qu'il était désigné par Dieu pour guérir la maladie et prêcher l'évangile de la libération de toutes les formes d'oppression, y compris la sorcellerie, d'autres coutumes négatives et la domination blanche. Cette secte, qui a surgi spontanément et presque du jour au lendemain, est devenue un groupe de résistance dirigé contre le gouvernement et les intérêts européens, ainsi que contre les églises missionnaires catholiques et protestantes. Simon Kimbangu a été arrêté en septembre 1921, accusé d'avoir commis, selon les colonisateurs belges, un crime contre la sécurité de l'État pour avoir prêché les idées subversives du Panafricanisme. Jugé, il a été condamné à la prison à vie et, isolé, il est mort le 12 octobre 1951 en prison à Lubumbashi (Elisabethville). Mais son ministère prophétique a continué, malgré tout, à influencer le cours des événements au Congo. Le modèle établi par Simon Kimbangu a été suivi par un certain nombre de prédicateurs, d'enseignants, de travailleurs et d'écoliers qui sont ensuite devenus des hommes politiques. Ces formes de résistance populaire contre la tyrannie coloniale allaient influencer non seulement la lutte pour l'indépendance, mais aussi la quête actuelle d'une véritable démocratie au Congo.

La période d'après-guerre a amené de nouveaux défis à endurer sur le colonialisme belge. L'administration de la colonie est restructurée. Plusieurs décrets ont été promulgués pour réorganiser les chefferies, les secteurs et les "districts autochtones". Les grands États et les groupes ethniques sont divisés en unités gérables, tandis que les peuples décentralisés les moins nombreux sont regroupés dans des chefferies créées par les colonisateurs belges. En conséquence, les populations congolaises perdent progressivement le droit de prendre des initiatives par elles-mêmes, écrasées par le poids des trois facettes du pouvoir colonial qui comprend la bureaucratie coloniale, les compagnies commerciales et les missions religieuses. Les voyages hors de la région natale, par exemple, étaient rigoureusement réglementés et chaque individu, souhaitant voyager, devait obtenir un permis de voyage. Les Congolais se sont parfois rebellés contre les rigueurs de l'oppression coloniale. En 1931, les Pende du Kwilu se sont révoltés contre les impôts élevés, les bas salaires dans l'industrie de l'huile de palme et l'ingérence de l'administration dans les affaires politiques traditionnelles. En 1941, une grève des mineurs, à Lubumbashi, s'est terminée par la fusillade des grévistes. De même en 1944, une révolte des soldats de la Force Publique au Katanga a entraîné une répression violente. En effet, la Belgique, étant soutenue par les trois facettes du pouvoir colonial, pratiquait une forme de paternalisme pragmatique, affirmant qu'elle ne dominait les Congolais que pour mieux les servir; l'État providence colonial réglementait le comportement social des Congolais; les entreprises concessionnaires employaient les Congolais dans des emplois subalternes et mal payés; et les missions religieuses éduquaient et socialisaient les Congolais pour qu'ils acceptent leur subordination.

Entre-temps, pendant la période d'après-guerre, la Belgique a commencé à cultiver une bourgeoisie congolaise sélective dans l'intention de créer une classe "tampon" indigène, éduquée dans la culture belge et soutenant le système colonial. Une classe sociale véritablement distincte située entre les deux communautés, les Belges et la masse congolaise arriérée, car en raison de la politique de ségrégation raciale instituée par la Belgique au Congo, Blancs et Noirs ne se fréquentaient pas. Ainsi, il y avait donc des Congolais assez chanceux qui avaient eu accès à l'éducation au-delà du niveau élémentaire, en premier lieu dans les écoles des missions catholiques ou protestantes. Les Belges les appelaient les "évolués" (Congolais éduqués et occidentalisés) afin de les distinguer du reste de la population. En fait, le Congo était le pays de deux groupes d'évolues. Les détenteurs de la carte d'immatriculation constituaient une nouvelle classe de Congolais autorisés à entrer dans les restaurants, les boîtes de nuit et les cinémas européens, et aussi, à envoyer leurs enfants dans des écoles européennes. Les détenteurs de la "carte de mérite civique", disponible sur demande, étaient des Congolais qui s'estimaient suffisamment détribalisés et souhaitaient bénéficier de privilèges supplémentaires. En 1956, seuls 120

Congolais sur une population de seize millions d'habitants étaient titulaires de la carte d'immatriculation et moins de 900 étaient en possession de la carte de mérite civique.

En réalité, l'émergence des "évolués" avait été favorisée par les circonstances de la seconde guerre mondiale qui rendaient impossible le recrutement de nouveaux agents en Europe en raison de la séparation entre le Congo et la Belgique. Pour combler ce vide, il fallait utiliser de plus en plus de Congolais et leur confier des responsabilités réservées jusque-là seulement aux Blancs. C'est ainsi que furent remplacés les cadres subalternes européens par le personnel auxiliaire noir. Cependant, une nouvelle conscience politique s'empare des Congolais "évolués". Par la suite, ils se sont constitués en associations culturelles, soit de caractère tribal, soit composées de groupes d'intérêts. Ces associations, dont l'UNELMA (Union des anciens élèves des Frères Maristes), ASSANEF (Association des anciens élèves des Frères des Écoles Chrétiennes), ABAKO (Alliance des Bakongo), UNISCO (union des intérêts sociaux congolais), ADAPES (anciens élèves des pères de scheut), etc., ont constitué des mouvements privilégiés qui ont eu pour effet d'aiguiser la conscience politique de la nation. Les Congolais "évolués" commençaient à s'interroger sur leur véritable rôle dans le système belge et réclamaient un traitement égal à celui des Européens. Ils insistaient sur l'amélioration des possibilités d'éducation pour les Congolais.

Malgré le fait que peu de catholiques avaient vu la nécessité d'une éducation supérieure en dehors des séminaires, la majorité des missionnaires n'ont pas soutenu les demandes de cette nouvelle élite. Au milieu des années 1950, les "évolués" ont développé une véritable conscience politique, remarquant que les questions les plus importantes pour eux avaient souvent été ignorées. En conséquence, ils ont été déçus très vite. Ils ont parfaitement compris que l'institution de la carte d'immatriculation ou de mérite civique n'honore pas les Congolais. Aucun pays au monde ne délivrait des cartes pour distinguer les élites de la masse. La Belgique n'a eu que pour intention première de diviser la population congolaise pour mieux régner. Car ceux qui ont obtenu ces cartes n'étaient pas totalement assimilés aux Blancs. Concernant le contrat professionnel, le Noir relevait du contrat de travail quelles que fussent ses activités. Le Blanc, qu'il fut intellectuel ou manuel, ou le moins payé, bénéficiait du contrat d'emploi qui lui permettait toujours de percevoir une rémunération et des indemnités supérieures à celles du Noir le plus payé.

Aussi malgré leurs cartes, les évolués étaient difficilement acceptés dans les restaurants, les cinémas, les hôtels et les bars européens. Ils avaient clairement compris depuis longtemps qu'ils ne vivaient pas dans le meilleur des mondes. Car les Congolais, qui avaient la chance de voyager en Afrique centrale et en Afrique de l'ouest, ainsi qu'en Europe, constataient avec amertume que, là-bas, il n'y avait pas de ségrégation raciale. C'était le choc qu'avait ressenti Patrice Lumumba en 1947 en revenant de Brazzaville et en 1958 en revenant d'Accra. C'est sans doute ce qui a changé sa vision politique. Totalement déçus par les colonialistes belges, les évolués voulaient désormais rester des Congolais avec leurs bonnes coutumes et leurs langues, et non des copies conformes de Blancs. Sur le plan interne, les pressions exercées par le régime colonial ont créé un esprit d'agitation qui se faisait de plus en plus sentir au sein de la population. Puis, en 1954, Auguste Buisseret, un homme politique de tendance libérale, est nommé ministre des colonies. Dès son installation, il inaugure de nouvelles politiques administratives et se désolidarise de l'Église catholique qui gère de nombreux programmes éducatifs et sociaux au Congo. L'opposition des missionnaires catholiques à sa politique révèle pour la première fois aux populations congolaises l'existence de dissensions entre catholiques et libéraux, et entre Flamands et Wallons.

À cette époque, installé à Kisangani, Patrice Lumumba entre dans les rangs de la classe des "évolués" congolais. Il demande et obtient la carte d'immatriculation. À cette époque, ses opinions politiques sont celles d'un modéré, comme le montre le livre "Congo, mon pays" qu'il a écrit dans les années 1956-57; il admire les réalisations des Belges qu'il essaie d'imiter. Celui qui deviendra plus tard le plus grand héros et martyr de l'indépendance du Congo était à l'époque l'un des partisans d'une communauté belgo-congolaise. Néanmoins, il était profondément conscient que les Belges considéraient rarement les Congolais comme leurs égaux. De nombreux "évolués", cependant, étaient très soucieux d'améliorer leur propre statut et leurs revenus, et de se différencier socialement et politiquement de la masse des indigènes arriérés. Jusqu'en 1956, leurs principaux intérêts tournaient autour des "relations humaines" ou leur quête d'intégration complète dans la société coloniale ou blanche. Ils adhéraient à la vision d'une communauté belgo-congolaise dans laquelle ils deviendraient partenaires des colonialistes pour régner sur la masse ignorante.

Par conséquent, à l'indépendance du Congo, lorsque la plupart des "évolués" ont rapidement accédé à des postes de direction, leur principal objectif était de dominer les masses. La majorité de ces dirigeants politiques nouvellement élus étaient davantage préoccupés par la jouissance des privilèges matériels que le colonialisme leur avait refusés. En tant que représentants du peuple, leur premier acte officiel a été d'accepter non seulement les privilèges dont avaient bénéficié les Belges avant eux, mais aussi certains nouveaux privilèges de leur propre création. Les parlementaires, par exemple, ont voté une augmentation de leur salaire. Les nouveaux politiciens congolais, qui avaient remplacé les Belges comme dirigeants et administrateurs, étaient tout aussi mauvais, oppressifs et cruels. Ils vivaient dans des grandes demeures ou villas coloniales, conduisaient de belles voitures et parfois des voitures plus grandes et plus belles que celles des colonialistes, méprisaient le peuple et n'hésitaient pas à utiliser l'armée et la police pour réprimer toute dissidence ou remise en cause de leur autorité. Dans de nombreux cas, leur recours à la force était injustifié et totalement arbitraire. Ils étaient les "nouveaux blancs", noirs de peau mais blancs de pensée.

Avec de tels politiciens à la tête du pays, je peux clairement comprendre maintenant pourquoi la République Démocratique du Congo s'est effondrée politiquement, économiquement et socialement peu de temps après l'indépendance et est devenue un nouveau théâtre de guerre, de compétition entre les leaders politiques, de conflit et d'hostilité entre les tribus. La conséquence dramatique de leur comportement a été une très longue période d'instabilité politique et économique dans le pays. Malheureusement pour le Congo, seuls quelques politiciens se sont comportés différemment et parmi eux, Patrice Emery Lumumba. Bien que plein de bonnes intentions, le Premier ministre Congolais ne disposait pas des ressources nécessaires pour empêcher ce qui se passait au Congo. Que pouvait-il faire seul contre les puissants Américains, les Belges et leurs alliés qui étaient véritablement déterminés à le chasser du pouvoir à tout prix et à installer un gouvernement fantoche à la place? Quoi qu'il en soit, Patrice Lumumba était tellement soucieux d'améliorer le niveau de vie de son peuple que sa propre vie n'avait aucun sens s'il ne parvenait pas à réussir. En d'autres termes, il était prêt à souffrir et à mourir pour son peuple.

## PRINCIPALES INFLUENCES SUR LES LEADERS CONGOLAIS, ET ÉDUCATION

L'influence de la famille est difficile à évaluer dans le cas de l'élite congolaise, mais très réaliste. Et malgré la colonisation agressive, la création ultérieure d'une identité nationale et la conversion de nombreux Congolais au christianisme, de nombreux aspects des diverses croyances et pratiques congolaises ont survécu. Par exemple, les Kongo, les Bete, Les Teke et les Songye utilisaient des figurines avec toutes sortes d'accessoires, des plantes médicinales, et aussi la maîtrise du pouvoir pour répondre aux besoins des individus ou des groupes. Ces figurines variaient en taille, en gestes et en accessoires, selon les pouvoirs qu'elles étaient censées maîtriser, exploiter et les activités qu'elles étaient censées aider les gens à entreprendre. Certaines guérissaient les maladies, d'autres bloquaient les malheurs.

Dans la plupart des sociétés traditionnelles congolaises, les membres étaient distingués selon une échelle de valeur ou de mérite. L'âge était généralement respecté, tout comme la richesse, les fonctions politiques ou religieuses et les prouesses dans des domaines tels que la chasse, la guerre et la narration. Presque tout le monde participait aux initiations, les cérémonies qui marquaient un changement de statut, de position ou de rôle pour un individu ou un groupe. Lorsqu'il prenait ses fonctions, un chef kongo devait subir une initiation élaborée. Celle-ci comprenait une période de réclusion et une épreuve destinée à vérifier l'approbation des forces spirituelles et leur volonté de conférer certains de leurs pouvoirs au nouveau chef. Contrairement aux Kongo, la tribu de Patrice Lumumba, les Tetela, n'avait pas d'autorité politique centralisée. Le leadership était assuré par un conseil d'anciens issus d'une institution complexe à plusieurs niveaux, dédiée au développement d'un comportement moral et à laquelle appartenaient la plupart des hommes et des femmes Tetela. L'avancement au sein de la société était basé sur une série de paiements et de démonstrations de connaissances sur la culture Tetela appropriées à chaque rang. Pendant ces cérémonies traditionnelles congolaises, un initié apprenait les informations nécessaires à partir de diverses sources, notamment des proverbes, des chansons et la manipulation de différents objets, naturels ou fabriqués par l'homme. La tradition orale était très riche en poèmes et en chansons qui célébraient la vie communautaire et donnaient des conseils sur la façon de vivre en harmonie avec les membres de la communauté. Les contes populaires, qui étaient généralement centrés sur un élément de sagesse, constituaient une partie essentielle de l'éducation d'un enfant, tout comme les proverbes. Ces proverbes traitaient de tous les aspects de la vie, promouvant notamment l'importance de la famille, le respect de l'autorité et les obligations mutuelles des membres de la communauté.

Quoiqu'il en soit, il est clair que la plupart des membres de l'élite congolaise sont issus de grandes familles élargies, pour la plupart d'origine paysanne, mais quelques-unes en voie d'urbanisation. Ils ont été amenés ou sont venus eux-mêmes à la ville alors qu'ils étaient encore de très jeunes enfants. La vie en ville et le processus d'urbanisation lui-même constituaient une expérience traumatisante pour l'enfant et la famille également. En vivant en ville, ils avaient l'occasion de rencontrer les étrangers ou les visiteurs qui leur donnaient matière à réflexion et aggravaient leur frustration d'avoir à supporter l'amertume de la situation coloniale qu'ils ne pouvaient malheureusement pas changer. L'un d'eux, Felix Eboue, un Africain, né en Guyane le 1er janvier 1884 et vivant à Brazzaville dans les années 1940, a été le gouverneur général de l'Afrique équatoriale française de 1941 à 1944, et un résistant de la première heure pendant la Seconde Guerre mondiale. Il est mort le 17 mai 1944 en Egypte et est enterré au Panthéon depuis le 20 mai 1949. Lorsque Eboue et sa famille ont effectué une visite officielle à Kinshasa au début des années 1940, tous les Congolais étaient fiers de voir un homme noir traité avec autant de respect par les mêmes Belges qui n'avaient aucun égard pour eux. À partir de ce moment-là, ils ont été convaincus qu'un jour, les Belges les respecteraient de la même manière qu'ils ont respecté Eboue, si seulement ils pouvaient se battre pour cela.

La croissance rapide du sentiment nationaliste, parmi les Congolais, est également due en partie aux écrits d'un jeune professeur belge de l'Institut des territoires d'outre-mer de l'Université d'Anvers, A.J van Bilsen, qui a publié une proposition d'indépendance du Congo. En décembre 1955, il a publié ce qu'on appelle le "plan de trente ans". Dans ce plan, il proposait que les peuples du Congo soient progressivement préparés à l'autonomie au cours des trois prochaines décennies. Bien que les officiels belges aient rejeté la proposition de A.J. van Bilsen comme un rêve idéaliste, les Congolais, eux, ont été profondément touchés par une déclaration concernant leur indépendance dans un nombre spécifique d'années. En réponse à A.J. van Bilsen, le périodique de Kinshasa, "Conscience Africaine", qui reflétait la pensée de l'élite Bangala, a publié un "manifeste" dans son numéro de juillet-août 1956. Généralement favorable aux idées de A.J. van Bilsen, le "manifeste" appelait les Congolais à participer à l'élaboration des plans pour l'avenir du Congo. Mais le 23 août 1956, un "contre-manifeste" avait été imprimé par l'ABAKO (Association des Bakongo). Rejetant le concept d'une lente évolution des populations congolaises dans le cadre d'un plan conçu en Belgique, ABAKO a plaidé en faveur d'une indépendance immédiate des Congolais.

L' influence de l'Exposition internationale de Bruxelles sur les Congolais est difficile à estimer. Lors de son organisation en avril 1958, la Belgique a levé ses barrières coloniales pour laisser passer quelques centaines de Congolais. Le nombre de ces Congolais qui ont visité l'Europe à l'occasion de l'exposition universelle était environ cent fois supérieur au nombre total de ceux qui sont venus en Belgique depuis lors. Originaires de différentes régions de la colonie, régions entre lesquelles la circulation était strictement réglementée, ils ont pu se rencontrer pour la première fois dans la capitale de la Belgique et ont eu l'occasion d'entrer en contact avec des hommes et des femmes de toutes nations et races. Ils ont découvert qu'aucun peuple ou race n'a le monopole de la vertu ou du vice. Pour la première fois, ils ont parlé sur un pied d'égalité avec les Européens, les Américains et les Asiatiques. Ayant été en Belgique, ils ont découvert que c'était un pays comme un autre, avec des bons et des mauvais côtés.

Certains Congolais en ont profité pour se familiariser avec la "gauche" belge qui prônait l'indépendance du Congo. Par conséquent, ils étaient déjà déterminés à ne plus accepter la plaisanterie coloniale. Entre temps, le sentiment nationaliste a commencé à croître parmi eux. Les jeunes congolais, comme Patrice Lumumba, ont commencé à réaliser à quel point ils avaient été tenus à l'écart du reste du monde. Patrice Lumumba est entré en contact avec des Africains de pays tels que le Ghana et la Guinée qui avaient déjà obtenu l'indépendance, et avec des Africains des colonies françaises qui, eux, avaient élu des représentants au gouvernement français et étaient sur le point de recevoir une certaine forme d'autonomie. Ce contact avec des mouvements indépendantistes plus mûrs aurait été un facteur important dans la préparation du terrain pour les demandes d'indépendance immédiate de Lumumba et d'autres leaders congolais à partir de la fin 1958.

En outre, les Congolais étaient certainement inspirés par les luttes nationalistes qui étaient menées dans d'autres parties du continent, au Ghana, en Guinée, en Egypte et ailleurs, et en particulier à la transformation du Congo français, juste de l'autre côté du fleuve, en République du Congo avec une promesse d'indépendance du président français Charles de Gaulle lorsqu'il est revenu au pouvoir en mai 1958. L'indépendance est devenue une possibilité réelle pour la plupart des colonies françaises d'Afrique occidentale et d'Afrique centrale, lorsqu'un référendum a été organisé dans ces territoires le 28 septembre 1958. Les colonies africaines étaient invitées à voter pour savoir si elles voulaient continuer à faire partie de la communauté française. En conséquence, le gouverneur général du Congo belge, Henri Cornelis, a reçu une pétition signée par plusieurs intellectuels congolais demandant aux autorités belges de faire preuve de la même attitude compréhensive que le président français Charles de Gaulle. Mais les colonies françaises, à l'exception de l'Algérie, n'ont pas été caractérisées par un peuplement européen important. Au contraire, au Congo belge, la participation des colons blancs a été importante. Par conséquent, la Belgique n'a commencé qu'à contrecœur à envisager l'idée d'une majorité noire et de l'indépendance du Congo à la fin des années 1950. Avant 1957, les Congolais n'étaient impliqués dans la vie politique que par le biais de leur association avec les groupes politiques belges qui avaient établi des branches dans la colonie et par le biais d'associations ethniques.

Bien que le système colonial soit souvent justifié par sa "mission civilisatrice", le gouvernement belge s'opposait catégoriquement à fournir le type d'éducation jugé nécessaire pour transformer "l'indigène" en personne "civilisée". Les missions religieuses, catholiques et protestantes, étaient responsables de pourvoir une éducation à tous les enfants congolais. Mais l'objectif premier de l'éducation était de former les Congolais à des tâches qui seraient utiles aux entreprises européennes. L'enseignement secondaire était limité seulement aux Congolais qui devaient servir comme ecclésiastiques, enseignants ou sous-officiers de l'armée. Il n'y avait pas de médecins, dentistes, pharmaciens ou avocats congolais au Congo belge. Aucun Congolais n'a fréquenté les universités ou étudié en Europe avant les années 1950, un facteur qui peut expliquer en partie l'absence d'un mouvement nationaliste naissant dans les années qui ont immédiatement suivi la Seconde Guerre mondiale.

L'enseignement secondaire et universitaire n'a pas été mis à la disposition des Congolais assez tôt pour leur permettre de développer un large cadre d'administrateurs capables de prendre en charge le pays à l'indépendance. Seul un petit nombre de Congolais ont réussi en tant que propriétaires d'entreprises, planteurs, éleveurs et fabricants à petite échelle. Par exemple, dans le village de Ngeba, dans la région du Bas-Congo d'où ma mère est originaire, un atelier d'ébénisterie mécanisé (le fabricant de Ngeba) employait une vingtaine de personnes. Plus à l'est du Congo, Joseph Kapend Tshombe, le père de Moïse Tshombe, a bâti la fortune de sa famille et les bases d'un petit empire commercial en organisant l'importation de manioc de la province du Kasaï vers la province du Katanga. Devenu le premier millionnaire congolais en francs belges, il s'est rendu en Belgique en 1948, à une époque où les restrictions de voyage étaient sévères pour les Congolais.

Il est significatif qu'une grande partie de la future élite congolaise ait fréquenté les écoles religieuses, notamment catholiques. L'activité missionnaire chrétienne a eu un impact profond sur la vie traditionnelle au Congo, tant les protestants que les catholiques étaient prêts à éradiquer les coutumes autochtones. Par conséquent, ces écoles étaient souvent des centres d'agitation. En 1948, des réformes de l'enseignement avaient été faites au Congo. Un programme secondaire complet de six ans a été institué pour la première fois. Par la suite, trois groupes de Congolais, les prêtres catholiques, les assistants médicaux et les assistants agricoles, ont accédé à des professions nécessitant une éducation post secondaire, les diplômes des deux premières catégories étant à peu près équivalents à un diplôme universitaire. Mais le reste de l'élite congolaise n'avait pas de références aussi impressionnantes en matière d'éducation formelle. Le niveau d'éducation maximum dans ce groupe était un diplôme d'études secondaires, pour lequel trois à six années d'études post-primaires étaient nécessaires, en fonction des qualifications professionnelles requises. Cependant, les références intellectuelles des dirigeants politiques congolais n'étaient pas exclusivement fonction des résultats de l'éducation formelle. Beaucoup d'entre eux ont lu énormément par eux-mêmes ou ont suivi des cours par correspondance. Patrice Emery Lumumba était un autodidacte dont l'éducation formelle ne comprenait que six années d'école primaire, quatre années d'école secondaire et une année de formation technique dans une école de commis des postes.

L'établissement d'un enseignement universitaire complet au Congo a commencé avec la création de l'Université Louvanium en 1954 à Kinshasa et de l'Université de Lubumbashi en 1956. En décembre 1958, il y avait 248 étudiants congolais à Louvanium et 42 à Lubumbashi. Mais depuis 1952, les étudiants congolais suivaient déjà des cours à l'Université de Louvain et à l'Université Libre en Belgique. Le 9 juillet 1954, Emile Adolphe Disengomoka reçoit son diplôme de Régent Littéraire à l'école de Régence de Nivelles en Belgique, diplôme qu'aucun Congolais n'avait obtenu jusque là, et deux ans plus tard, en 1956, Thomas Kanza est diplômé en psychologie à l'Université de Louvain. Peu de Congolais ont pu fréquenter les écoles secondaires ou les universités. En conséquence, à l'indépendance, il y avait moins de 30 000 étudiants inscrits dans l'enseignement secondaire (deux pour cent de l'effectif total), moins de 200 diplômés de l'enseignement secondaire et seulement une vingtaine de Congolais titulaires d'un diplôme universitaire. Bien que les étudiants congolais, en particulier les étudiants de l'université, aient exercé peu d'influence pendant les premières années qui ont suivi l'indépendance, ils se sont organisés en associations et ont formé des blocs importants dans certains partis politiques au milieu des années 1960. Beaucoup d'entre-eux soutenaient Patrice Lumumba et étaient profondément attristés et furieux de son assassinat en 1961.

Patrice Emery Lumumba est né le 2 juillet 1925 dans une famille de paysans Tetela dans le village d'Onalua, à 300 km au nord-est de la province du Katanga dans le territoire de Katako-Kombe, districte de Sankuru, province du Kasaï. Ses parents étaient catholiques, se sont mariés à l'église et ont eu quatre enfants, tous des garçons, élevés dans la doctrine catholique. Cependant, Patrice Lumumba a été éduqué dans une école primaire protestante de son village. Là, le jeune Lumumba s'est rebellé contre le paternalisme et l'autoritarisme des missionnaires catholiques et protestants dans le Sankuru et s'est enfui à Kindu dans la province du Haut-Congo. Un jour, alors qu'il était interviewé par les journalistes, Lumumba a déclaré qu'il avait toujours été contre l'injustice depuis son plus jeune âge. Il a reçu une éducation approfondie en matière de doctrine chrétienne et a toujours été une personne sensible. Ses parents lui ont dit d'être toujours gentil avec les gens et de ne jamais riposter quand quelqu'un vous frappe. Par conséquent, il n'a jamais pu comprendre pourquoi, dans son pays, à l'école, on leur apprenait à être bons, à être charitables, à aimer leur prochain par les mêmes Belges qui les traitaient très mal. Comment concilier ce que les Belges leur apprenaient à l'école, les principes de civilisation et de moralité, avec ce qu'ils faisaient subir à la population congolaise ? Et en faisant ce constat au quotidien, en comparant ce qu'ils leur enseignaient avec ce qu'ils faisaient, Patrice Lumumba se heurtait à chaque fois à une contradiction. Il a donc pris conscience et s'est mis à étudier les révolutions à travers l'humanité en général. Il s'est souvent penché sur la Révolution française et sur ce qui la sous-tendait. Pourquoi les peuples de France se sont-ils révoltés ? Ils voulaient leur liberté. Il a trouvé un fil conducteur à toutes ces révolutions : la lutte contre l'injustice et contre la répression.

Pendant une courte période, Lumumba a vécu à Kindu et a été actif dans le groupe local d'évolués. Selon ses amis proches, Kindu a eu une influence essentielle sur le désir de Lumumba de devenir un homme politique. Après avoir fréquenté une école normale catholique romaine à Kinshasa (Léopoldville), il est parti pour Kisangani (Stanleyville) où il a commencé à travailler à l'âge de 19 ans comme employé des impôts, avant de passer au service postal. En 1956, il est président du club des évolués de Kisangani, président provincial de l'APIC (association du personnel indigène de la colonie), un syndicat fondé en 1946 pour exprimer des revendications de promotion africaine et de salaire équitable. Il a été président d'une section de l'ADAPES (association des anciens élèves des pères Scheut) et président d'un groupe ethnique Tetela (Mutuelle Tetela). En outre, Patrice Lumumba était également président du groupe culturel belgo-congolais. Il a fait preuve d'une grande énergie et d'un grand sens de l'organisation en tant que président de ces groupes culturels, éducatifs et professionnels. Grâce aux activités de ces associations, il a beaucoup appris sur le monde, ainsi que sur l'art d'organiser et il a également acquis au cours de ce processus un engagement fort en faveur de l'émancipation politique et du développement économique du Congo en tant qu'État multiethnique. Pendant cette période, Lumumba lit avidement et est la personnalité dominante parmi les Congolais à Kisangani. Il contribuait fréquemment à divers magazines et journaux, dont "la croix du Congo" et "la voix du Congolais". Son pouvoir d'observation et son éloquence impressionnaient tous ses amis et suscitaient crainte et critiques. Il avait une étonnante capacité à faire face à des situations difficiles et était souvent capable d'impressionner des personnes que l'on aurait cru mieux informées et instruites que lui. Sa soif de connaissances était insatiable ; il était un lecteur vorace et, dans une large mesure, un autodidacte. Il a été aidé en cela par des amis européens qui lui procuraient des livres et des périodiques de l'étranger.

À Kisangani, Lumumba, grand, mince, toujours bien habillé et sociable, est très présent sur la scène publique. Les autorités coloniales le considèrent comme quelque peu dangereux et le surveillent de près. En 1956, Lumumba fait partie des Congolais invités à Bruxelles pour des consultations sur l'élaboration du code uniforme régissant les emplois publics. À son retour au Congo, il est arrêté, reconnu coupable de vol au bureau de la poste et condamné à deux ans de prison par un tribunal de district. De nombreux Belges coloniaux étaient très désireux d'empêcher sa montée en popularité et en puissance. Il fait appel et est transféré à Kinshasa. Pendant ce temps, en Belgique, les partisans de la réforme coloniale, certains journalistes et hommes politiques trouvent dans cette affaire une occasion idéale de discréditer l'administration coloniale. En 1957, le tribunal a réduit la peine de deux ans de prison de Lumumba à six mois, qu'il avait déjà purgée. Une fois libéré de prison, il devient plus populaire. Il reprend ses activités en tant que leader influent du mouvement pour l'indépendance. Il reste à Kinshasa où ses amis belges lui trouvent un emploi de directeur commercial de la brasserie Bracongo, bien connue pour le nom de sa bière "polar". Patrice Lumumba a connu un succès énorme dans ce poste, car il était un leader né et avait une capacité d'organisation étonnante. Il réussit à faire de Polar la boisson préférée de la ville à la place de Primus, sa rivale.

Bien que Lumumba ait connu un immense succès en tant que directeur commercial, les changements rapides au Congo lui ont permis d'utiliser ses capacités d'organisation et de promotion en politique, un domaine nouveau qui venait de s'ouvrir aux Congolais. Le gouvernement belge restructure les zones urbaines pour permettre une participation limitée des Congolais aux affaires municipales et organise des élections en décembre 1957 dans les communes congolaises de Kinshasa, la capitale du Congo. Puis, en juillet

1958, un groupe de travail composé d'éminents personnalités belges a été sélectionné pour examiner les développements politiques au Congo et formuler une nouvelle politique pour le Congo. Le groupe de travail devait arriver à Kinshasa en octobre 1958. Anticipant cet événement, le 10 octobre 1958, un groupe de Congolais de premier plan, dont Patrice Lumumba, Cyrille Adoula, Joseph Ileo, Arthur Pinzi, Gaston Diomi, Joseph Ngalula and Alphonse Nguvulu, a adressé un mémorandum respectueux mais ferme au ministre du Congo, Léon Pétillon. Ils réclament une indépendance totale et demandent l'inclusion de dirigeants congolais représentatifs dans le groupe de travail. Bien qu'issus de nombreux groupes ethniques, ils se présentent comme le "mouvement national congolais" (MNC). C'est le premier acte officiel de ce parti politique multiethnique. À l'origine, le MNC avait été conçu comme un comité temporaire ne s'occupant que de la question du groupe de travail, mais Lumumba a réussi à transformer le MNC en un véritable parti politique avec lui-même comme président.

L'impact des conférences panafricaines sur la conscience politique de Lumumba est difficile à mesurer, mais dans une certaine mesure très réel. La première conférence panafricaine s'est tenue à Accra (Ghana), en décembre 1958. Il était le chef de la délégation congolaise. Là, il est impressionné par la notion de solidarité africaine lorsqu'il rencontre pour la première fois Kwame Nkrumah et d'autres leaders nationalistes africains qui ont dèjà gagné l'indépendance de leur pays où qui luttent activement et violemment pour celle-ci. Tous les participants ont été impressionnés par l'éloquence de Lumumba, son énergie et sa foi dans l'idéal panafricain. Il a constamment souligné qu'en raison de la position centrale du Congo sur le continent africain, sa lutte pour la liberté n'était pas celle d'un seul pays, mais celle de tout le continent. Les conférences panafricaines ont donné à Lumumba et aux autres leaders congolais un nouveau sentiment d'unité, d'objectif et de dignité. À son retour à Kinshasa, Lumumba cherche à mobiliser toutes les couches de la population congolaise pour qu'elles se joignent à la lutte pour l'indépendance et à la lutte panafricaine par le biais de MNC. Le dimanche 28 décembre 1958, il organise un rassemblement très réussi à Kinshasa pour rendre compte à la nation des résultats de la conférence d'Accra. Plusieurs milliers de personnes assistent au rassemblement, où elles entendent Lumumba appeler à une indépendance totale et véritable. C'est la première fois que ce type de discours est prononcé au Congo. Cette manifestation a été l'un des facteurs déclenchants qui ont conduit à de graves émeutes dans la capitale les 4 et 5 janvier 1959, qui ont à leur tour déclenché le processus qui allait conduire le Congo à une décolonisation exceptionnellement rapide.

Ces émeutes ont éclaté dans la soirée du 4 janvier, lorsqu'une manifestation d'ABAKO a été annulée parce que la police n'avait pas donné son autorisation. Mais la principale cause politique avait été la lenteur des progrès vers l'autonomie, que les Congolais estimaient être délibérément retardés alors qu'ils étaient accélérés dans d'autres parties du continent. Ainsi, les événements politiques dans les territoires voisins et la propagande étrangère avaient agi comme des facteurs d'accélération. Les plus importants d'entre eux avaient été la promesse d'indépendance pour l'Afrique équatoriale française et les directives données à la conférence d'Accra. La révolte de Kinshasa fut entièrement spontanée, les masses urbaines prenant leur propre initiative pour faire du slogan "indépendance immédiate" une réalité. Le cours entier de l'histoire du Congo a été changé par leur action. Mais deux jours après, le 6 janvier, la situation était revenue à la normale. Le nombre total de victimes est officiellement de 49 Congolais tués et 290 personnes blessées, dont 49 Belges; des estimations officieuses font état de 1500 Congolais tués. En outre, les incidents de Kisangani ont eu lieu dans le cadre d'une manifestation en faveur de l'indépendance, à la suite du congrès du parti MNC de Lumumba, qui s'est tenu du 23 au 28 octobre 1959. Les violences, dont la gravité est comparable à celle des événements de Kinshasa, font plus de vingt morts et entraînent l'arrestation de Lumumba, qui est envoyé dans la fameuse prison souterraine de Likasi. Sa détention fait de lui une figure très populaire et un point de ralliement pour la lutte pour l'indépendance.

Quoi qu'il en soit, le mouvement vers l'indépendance semblait être devenu irréversible. C'est pourquoi, dans un message diffusé le 13 janvier 1959, quelques jours seulement après les émeutes de Kinshasa du 4 janvier 1959, le roi Baudouin annonçait que le Congo allait être conduit vers l'indépendance. A partir de cette date, les progrès sont rapides, peut-être même précipités.

## Les lignes ethniques dans les organisations politiques congolaises

L'ethnicité, le concept d'identité basé sur le groupement ethnique, est autant un produit de la tendance européenne à classer les groupes de personnes sur la base de leurs traits les plus discernables tels que l'apparence physique, la langue, les pratiques religieuses, etc, qu'un produit de la tendance humaine naturelle à l'esprit de clocher et à la valorisation de la famille et des ancêtres. Mais les distinctions ethniques parmi les Congolais ont toujours été fluides: le concept de qui était ou n'était pas membre d'un groupe ethnique spécifique n'a jamais été aussi rigide que les Belges le croyaient. Pourtant, l'administration belge a agi comme si des distinctions rigides existaient. Les cartes d'identité des Congolais mentionnaient le groupe ethnique auquel ils appartenaient, et ils étaient tenus de fournir cette information lorsqu'ils remplissaient des formulaires. L'accent mis par la Belgique sur l'identité ethnique a contribué à renforcer le concept d'une telle identité chez les Congolais. En fait, l'ethnicité a été utilisée par les autorités coloniales belges pour diviser la population du Congo et empêcher la montée d'un mouvement nationaliste. Elle a également été utilisée par la plupart des leaders congolais pour créer des bases de pouvoir pour leurs mouvements politiques.

Pendant la période coloniale, le processus d'urbanisation a entraîné une migration des zones rurales vers les villes. De nombreuses personnes ont migré vers les villes à la recherche d'un travail et d'une vie meilleure, certaines pour étudier. Une fois dans les villes, ils sont entrés en contact avec des personnes avec lesquelles ils partageaient des caractéristiques culturelles, et avec des peuples complètement différents. Afin de promouvoir leur culture et de se soutenir mutuellement en cas de concurrence avec d'autres groupes ethniques pour le statut social et politique, ces personnes ont formé des associations à base ethnique. En effet, le principal objectif de ces diverses associations bénévoles fondées sur l'ethnicité était d'intégrer les nouveaux arrivants dans l'environnement urbain potentiellement hostile et d'aider à l'adaptation psychologique du migrant en recréant dans le nouveau contexte urbain bon nombre des valeurs et des conditions qui lui étaient familières dans sa patrie rurale. La première association à être créée fut l'ABAKO (Association des Bakongo) en 1950. Puis, plus tard, la confrérie de Lulua, le BALUBAKAT (Baluba du Katanga), le CONAKAT (Confédération des associations tribales du Katanga), l'Association des Bayanzi, la Tribu de Kabare, l'Union Mongo, l'alliance tribale des Banyangala, etc.

Ces organisations ethniques ont certainement renforcé les lignes ethniques entre les groupes. Certaines étaient fondées simplement sur le besoin manifeste de former un groupe d'affinité. Entre-temps, ces associations ethniques, parmi les nombreuses formes de sociétés bénévoles, ont été au coeur de la manifestation des institutions d'accueil aidant à l'adaptation et à l'intégration de l'individu. D'une certaine manière, elles étaient importantes pour isoler le nouvel arrivant contre le choc d'une immersion totale dans la vie urbaine culturellement hétérogène, en fournissant un groupe facilement identifiable de personnes parlant la même langue, partageant les mêmes attitudes, des opportunités d'amitié avec des co-ethniques, et en organisant des événements sportifs et d'autres activités qui réduisent les tensions de l'adaptation pour les nouveaux arrivants. Mais malgré cela, elles ont eu des répercussions négatives en termes de retardement du développement d'un sentiment de communauté politique plus large et plus cohésif. Le risque de conflit interethnique était également exacerbé par d'autres formes de stéréotypes ethniques fondés sur les monopoles professionnels dont jouissaient certains groupes, sur des traits de personnalité supposés (agressivité, compétitivité ou exclusivité), sur le niveau d'instruction, etc.

En réponse aux pressions croissantes en faveur de la participation des congolais au processus politique, le gouvernement belge décrète la réorganisation des grands centres urbains congolais le 26 mars 1957. Ces premières élections municipales offrent une réelle opportunité d'organisation politique. La rapidité avec laquelle cette organisation politique devait être réalisée impliquait une mobilisation rapide de la population. Il n'y a pas de temps pour gagner un grand nombre de personnes par une philosophie ou idéologie politique. Le moyen le plus naturel de les mobiliser était de passer par les organisations ethniques déjà existantes. Le résultat fut la formation de nombreux partis politiques basés principalement sur les loyautés ethniques. Cela a créé d'innombrables difficultés pour Lumumba et ses amis qui ont tenté de construire une organisation politique nationale qui pourrait surmonter l'ethnicité ou le régionalisme.

Patrice Lumumba était membre de la petite tribu des Tetela, un groupe de langue Bantou vivant entre Lusambo et le cours supérieur du fleuve Congo dans le district du Sankuru des provinces du Kasaï et du Maniema. Les ethnologues considèrent que les Tetela et les Kusu sont étroitement liés les uns aux autres et sont des membres éloignés du groupe Mongo. Les Tetela ont commencé à être considérés comme un groupe distinct à la fin des années 1800 avec l'arrivée des Afro-Arabes de l'est et des européens de l'ouest et du sud. Les Tetela, vivant au Kasaï, ont eu moins de contacts avec les Afro-Arabes que les Kusu qui, dans certains cas, ont adopté la religion et les vêtements musulmans. Les autorités coloniales belges ont séparé les deux groupes lorsqu'elles ont divisé la région en provinces du Kasaï et du Kivu. Plus tard, Patrice Lumumba a cherché à organiser le groupe dans son ensemble, mais leurs expériences différentes et l'orientation des Tetela de la savane vers la politique de la province du Kasaï et des Tetela de la forêt vers celle de la province du Kivu ont été des obstacles à une véritable solidarité. Ses deux principaux rivaux, Moise Tshombe qui a dirigé l'infructueux mouvement de sécession du Katanga et est devenu plus tard Premier ministre du Congo, et Joseph Kasavubu qui est devenu le premier Président du Congo, étaient tous deux issus de grandes et puissantes tribus Lunda et Kongo dont ils tiraient leur principal soutien, ce qui donnait à leurs mouvements politiques un caractère régional

Dans le Katanga de Tshombe, comme ailleurs au Congo, des élections communales ont été organisées en décembre 1957 au sujet de la réforme constitutionnelle concernant le statut des villes. Dans la capitale du Katanga, Lubumbashi, ces élections donnent trois des quatre postes de bourgmestre aux Luba, originaires du Kasaï. Cette victoire des "étrangers" n'a pas été bien acceptée par les "vrais Katangais" et a provoqué un mouvement de solidarité entre les groupes ethniques du Katanga. En vue de faire face à la montée des éléments professionnels et sociaux katangais, Moise Tshombe et ses collègues créent la CONAKAT (Confédération des Associations Tribales du Katanga) en octobre 1958. Le but principal de la CONAKAT est alors devenu le rapatriement des "étrangers" Luba vers la province du Kasaï.

À Kinshasa, les Bakongo, qui pensaient avoir toujours été le premier groupe congolais, se sentaient menacés par l'afflux de personnes venant de loin en amont de la rivière, les Ngala. Pour contrebalancer l'influence croissante de ces derniers à Kinshasa, ils forment en 1950 l'ABAKO (Association des Bakongo). Outre la préservation ou la promotion des intérêts de leur propre groupe ethnique, ils étaient préoccupés par l'objectif d'inclusion dans l'élite dirigeante. Parfois, ses dirigeants ont également préconisé de recréer l'ancien royaume Kongo en combinant des parties du Congo-Kinshasa, de l'Angola et du Congo-Brazzaville. L'ABAKO tirait l'essentiel de ses forces de la province du Bas-Congo. Cependant, le nombre relativement important de Bakongo, vivant dans la capitale Kinshasa, ajoutait à son influence. Le 21 mars 1954, Joseph Kasavubu est élu président de l'ABAKO.

En revanche, le mouvement de Lumumba, le MNC (Mouvement National Congolais), mettait l'accent sur sa nature congolaise et était le seul parti politique qui tentait de ne pas se fonder sur des caractéristiques ethniques. Il a essayé de développer une idéologie convaincante et a cherché à établir un programme nationaliste de développement économique, politique et culturel. Le MNC a été créé en octobre 1958 à Kinshasa par un groupe influent "d'évolués" qui avaient adressé une pétition au ministre du Congo, dans laquelle était formulée la première demande publique d'un programme global de changement politique. Ce groupe souhaitait former un parti sans orientation ethnique. Le premier comité exécutif du parti comprenait des hommes qui allaient devenir des acteurs importants de la politique congolaise. Après de longues discussions,

Patrice Lumumba est nommé président du parti. Albert Nkuli est secrétaire général adjoint et Joseph Mbungu, le trésorier. Parmi les membres figuraient Joseph Ileo, Joseph Ngalula, Alphonse Nguvulu, Gabriel Makoso, Maximilien Liongo, Arthur Pinzi, Gaston Diomi, Cyrille Adoula et Albert Kalonji.

En tant que président du MNC, Lumumba s'est imposé comme l'un des organisateurs et orateurs politiques congolais les plus dynamiques et efficaces. Mais son radicalisme croissant, son indépendance et sa notoriété ont provoqué des conflits avec les autres dirigeants du MNC. Les différences ethniques ont également troublé le parti, qui cherchait à obtenir un électorat national. Puis, en 1959, avec l'aide des Belges coloniaux qui tentent d'influencer le cours de la politique congolaise, une scission se produit au sein du mouvement. Le 16 juillet 1959, le comité central du MNC publie une lettre d'Albert Kalonji, président de la section provinciale du Kasaï qu'il transforme de plus en plus en association tribale Baluba, contrairement à l'objectif unitaire du mouvement. Il demande que la direction du mouvement soit changée, car le MNC devient de plus en plus un one-man-show. Le comité central a décidé, sans consulter Lumumba, de le démettre de ses fonctions de président et d'établir une direction collective à la place. Cette décision a été prise par les hommes protégés par l'église (Joseph Ileo, Joseph Ngalula, Albert Kalonji et Joseph Malula). En conséquence, le parti est divisé en deux: MNC-Lumumba et MNC-Kalonji. Après avoir provoqué une scission au sein du MNC, les forces anti-Lumumba ont créé un nouveau mouvement, rassemblant dans une sorte de fédération un certain nombre de groupes politiques dont le comportement et les attitudes étaient basés sur une forte loyauté envers leurs tribus, et dont les sympathies déclarées étaient pour le christianisme, le fédéralisme et l'anticommunisme. Lumumba envisageait une unité dynamique qui n'aurait pas empêché une décentralisation considérable dans l'administration et même dans les affaires économiques.

Mais le peu de possibilités qu'ont eu les dirigeants congolais "d'africaniser" le pays avant d'accéder à l'indépendance, l'illégitimité de l'État colonial auprès des masses congolaises et son incapacité à promouvoir un sentiment d'identité nationale commune parmi les divers peuples vivant à l'intérieur des frontières de la colonie sont des caractéristiques importantes de l'héritage colonial. Pour les masses congolaises, l'État colonial était une institution étrangère qui fonctionnait selon des règles et des normes qui ne leur étaient pas familières. Au sein d'un même territoire, l'administration rassemblait de nombreux groupes ethniques différents qui étaient obligés de coexister et de vivre selon les règles des colonisateurs, lesquels ne faisaient rien ou presque pour promouvoir les sentiments nationalistes. Au contraire, ils préféraient maintenir les différents groupes à l'écart et empêcher toute alliance qui pourrait être utilisée pour contester leur pouvoir. Tous ces éléments ont contribué à l'instabilité politique et à la fragilité du Congo depuis l'indépendance.

# CHAPITRE II

## Développements politiques dus à la Conférence de la Table Ronde

Lorsque les autorités belges se sont rendu compte de l'impossibilité d'imposer un plan d'indépendance au Congo, le gouvernement a organisé une Conférence de la Table Ronde où Belges et Congolais pouvaient déterminer ensemble l'avenir du pays. Lors de cette Conférence de la Table Ronde qui s'est tenue à Bruxelles du 20 janvier au 20 février 1960, les participants se sont mis d'accord pour accorder au Congo belge une indépendance totale à partir du 30 juin 1960. Cette décision et la préparation des arrangements constitutionnels nécessaires par la conférence ont suivi la décision du gouvernement belge d'accélérer considérablement le programme pour l'indépendance du Congo qui avait été annoncé par August de Schryver (ministre du Congo) le 16 octobre 1959. Aucune décision définitive n'a été prise sur un certain nombre de questions résultant de l'accession à l'indépendance, notamment la direction du nouvel État, ses éventuelles relations spéciales futures avec la Belgique, les dispositions visant à garantir sa stabilité économique et la position des bases militaires belges sur le territoire.

La Belgique était représentée par August de Schryver (assisté, si nécessaire, par d'autres ministres) et par 10 députés issus des partis chrétien-social, libéral et socialiste. Les délégués congolais étaient au nombre de 44, dont 11 représentaient le "cartel des partis nationalistes" dirigé par Kasavubu et composé de l'ABAKO, du MNC-Kalonji, du PSA, de l'alliance des Bayanzi, et de la Fédération Générale du Haut-Katanga; 11 autres représentant le PNP; 6 représentant les partis de la province du Katanga; 3 du MNC-Lumumba; et 13 d'un certain nombre de petits groupes représentant des intérêts tribaux ou locaux. Cependant, les faits marquants de cette conférence ont été: la sortie de prison de Lumumba. Son procès pour incitation à la violence avant les émeutes de Kisangani d'octobre 1959 s'est tenu à Kisangani du 18 au 21 janvier 1960. Il avait été reconnu coupable et condamné à six mois d'emprisonnement. Le 21 janvier, les représentants de la faction Lumumba du MNC ont quitté la conférence de Bruxelles en signe de protestation. Ils sont toutefois revenus le jour suivant, déclarant qu'ils avaient reçu l'assurance que Lumumba arriverait bientôt à Bruxelles. La libération provisoire de Lumumba a été annoncée le 25 janvier et il est parti pour Bruxelles le même jour et a pris sa place à la conférence le 27 janvier; le retrait de Kasavubu de la conférence le 25 janvier, après que sa demande de donner à la conférence les pouvoirs d'une assemblée constituante ait été rejetée par de Schryver qui a fait remarquer que le projet d'ordre du jour, qui ne contenait pas une telle demande, avait été établi par les chefs de toutes les délégations congolaises, y compris Kasavubu lui-même. Le 30 janvier, le cartel a élu Alphonse Nguvulu (Parti du Peuple) comme président, en remplacement de Kasavubu; accord sur la date du 30 juin 1960, date à laquelle le Congo deviendra indépendant. La date choisie représente un compromis entre le 1er juin (proposé par les Congolais) et le 15 juillet (favorisé par le gouvernement belge); la création, le 1er février, de deux commissions de la conférence composées de représentants belges et congolais, chargées d'étudier en détail les dispositions nécessaires à l'établissement de l'État indépendant.

Le premier gouvernement congolais sera formé le plus rapidement possible après la tenue des élections, sans attendre le 30 juin. Le gouvernement, qui doit comprendre au moins un membre de chaque province, sera constitué par le roi Baudouin de Belgique qui, une fois les résultats des élections connus et après avoir consulté les principaux partis et dirigeants politiques, désignera la personne qui formera le gouvernement. Cette personne soumettra au roi les noms des ministres susceptibles d'obtenir la confiance du Parlement. Le Conseil des ministres, dirigé par un Premier ministre, serait responsable devant les deux chambres du Parlement de toutes les questions de politique générale. Les tâches du Premier ministre comprendraient: la conduite de la politique de l'État en accord avec le Conseil des ministres; le contrôle et la conduite de l'activité gouvernementale; la soumission au chef de l'État de propositions relatives à l'exercice des pouvoirs statutaires et à l'application des lois. Le gouvernement congolais remplacerait le gouvernement belge le 30 juin 1960 et les gouvernements belge et congolais conviendraient de la manière dont les facilités de représentation mutuelle seraient assurées. Aux termes de la loi fondamentale, le chef de l'État jouirait de pouvoirs qui incluraient celui de promulguer les règlements et les décrets nécessaires à l'application des lois; il ne pourrait toutefois pas suspendre les lois elles-mêmes ou accorder des exemptions pour leur application. Avant le 30 juin, les deux chambres du Parlement congolais se réuniront en assemblée constituante pour décider de la désignation d'un chef d'État. En cas de désaccord entre les Chambres, la fonction de chef d'État serait provisoirement exercée soit par le président de la Chambre des représentants, soit par le président du Sénat (aucun accord définitif n'a été trouvé sur ce point).

La loi fondamentale prévoirait également une répartition des pouvoirs entre le gouvernement central et les provinces. Un gouvernement provincial serait également mis en place avant le 30 juin 1960, composé d'un président et de 5 à 10 membres élus par l'assemblée provinciale respective parmi ses propres membres ou à l'extérieur. Un délégué du gouvernement central assumerait la direction des services de l'État dans chaque province. Mais cette loi fondamentale, qui établissait les institutions politiques, a été largement influencée par le système politique belge. Elle prévoyait un système parlementaire bicaméral qui diluait considérablement les pouvoirs exécutifs et laissait dans le flou le partage des pouvoirs entre le président et le premier ministre. Cette carence, associée à la montée des tensions interrégionales et interethniques, a contribué à la crise politique qui a suivi l'indépendance. Quoi qu'il en soit, le but de ce système était de fournir des freins et des contrepoids, et de prévenir les abus. Cependant, il a conduit à la confusion et à une série de confrontations entre le président et le premier ministre. Par conséquent, l'autorité du gouvernement central s'est effondrée

Après la conférence de la Table Ronde, une conférence économique belgo-congolaise s'est tenue à Bruxelles du 26 avril au 16 mai 1960. Pendant la majeure partie des travaux de la conférence, la délégation congolaise ne comprend pas les personnalités politiques les plus en vue, à l'exception de Moise Tshombe, le leader de CONAKAT. Dans la phase final, cependant, cinq membres congolais du Collège exécutif y participent, seul Lumumba refuse de venir à Bruxelles, offre sa démission du Collège (qui est refusée), exige le rappel immédiat des renforts de troupes envoyés au Congo; dénonce la nomination de Van der Meersch comme ministre belge des Affaires générales au Congo au lieu de la mise en place immédiate d'un gouvernement provisoire et déclare qu'il boycottera les réunions du Collège exécutif. Les conclusions de la conférence sont saluées par le ministre chargé des Affaires économiques et financières du Congo Belge, Raymond Scheyven, au nom du gouvernement belge. Kashamura (un membre du Collège exécutif du Congo) déclare cependant à son retour au Congo que ni lui, ni Kasavubu n'ont formellement souscrit aux recommandations; d'autres délégués congolais avaient auparavant déclaré que leur but, à la conférence, était seulement de "faire un inventaire".

Alors que tous les principaux dirigeants congolais ont participé à la Conférence des tables rondes politiques, Moise Tshombe a été le seul homme politique de premier plan à se présenter à la Conférence des tables rondes économiques. C'est vraiment une erreur d'avoir négligé de protéger les atouts économiques du pays, car c'est dans ce dernier forum que les Belges ont scellé le sort du pays. En négociant avec des étudiants d'université et d'autres délégués politiquement insignifiants qui s'en remettent à des experts belges pour comprendre les questions complexes en jeu, les Belges ont jeté les bases du transfert d'une grande partie des énormes portefeuilles d'État des sociétés coloniales vers la Belgique, par le biais de la privatisation, tout en laissant la quasi-totalité de la dette publique au nouvel État. Mais si l'on tient compte du caractère précipité de l'indépendance du Congo et que l'on considère que la Conférence de la Table Ronde économique s'est tenue à Bruxelles du 26 avril au 16 mai 1960, presque en même temps que les élections pour la Chambre des représentants qui ont eu lieu du 11 au 22 mai 1960, il est difficile de croire à une simple coïncidence. On peut naturellement en conclure que tout cela a peut-être été planifié par les autorités belges qui savaient pertinemment que les leaders congolais étaient plus intéressés par eux-mêmes que par l'avenir du Congo, et préféraient rester au Congo pour mener la campagne électorale car ces élections représentaient tout pour eux. Ainsi, on peut facilement croire qu'ils se sont retrouvés piégés devant un choix à faire: rester au Congo et gagner les élections ou participer à la Conférence de la Table Ronde économique et perdre les élections. La quasi-totalité d'entre-eux sont restés au Congo, laissant ainsi le champ libre aux Belges pour disposer à leur guise d'énormes portefeuilles d'État lors de la Conférence économique.

Le vote lors des élections de mai 1960 s'est déroulé selon les lignes ethniques. Les élections pour la Chambre des représentants (la Chambre basse du future Parlement congolais) ont commencé le 11 mai et se sont poursuivies dans différentes parties du pays jusqu'au 22 mai, date à laquelle le scrutin a eu lieu dans les villes de Kinshasa, Lubumbashi et Kolwezi (Jadotville). Parallèlement, des élections ont été organisées pour les six parlements provinciaux, qui ont à leur tour élu les membres du Sénat national. Avant et pendant la période électorale, des troubles et des violences ont éclaté dans diverses régions du Congo, résultant à la fois de rivalités politiques entre partis et de querelles tribales souvent étroitement liées. Lors de ces élections cruciales de mai pour le nouveau parlement congolais, avec un taux de participation de 80,18 %, le parti de Lumumba a mené une campagne dans tout le pays et a remporté 23,44% des 137 sièges de la Chambre des Représentants. De ce fait, le MNC-Lumumba devenait le plus grand parti sur le plan national en obtenant environ un quart des sièges (33 députés nationaux, 110 conseillers provinciaux et 21 sénateurs). Ainsi, le MNC-Lumumba (Mouvement National Congolais) et ses alliés avaient 41 sièges, le PNP (Parti National du Progrès) et alliés 15, le PSA (Parti Solidaire Africain) 13, l'ABAKO (Association des Bakongo) 12, CEREA (Centre de Regroupement Africain) 10, le MNC-Kalonji 8, CONAKAT 8, BALUBAKAT 7 et les autres 24. Le MNC de Lumumba est devenu le parti unique le plus puissant dans les deux chambres du Parlement congolais. Dans les parlements provinciaux, de nombreux sièges ont été remportés par des groupes purement locaux et tribaux, comme le CONAKAT, fortement représenté au Katanga, l'ABAKO à Kinshasa et le CEREA au Kivu. Cependant, certains partis étaient représentés dans plus d'une assemblée provinciale, le plus performant étant le MNC-Lumumba qui était le seul groupe à détenir des sièges dans les six provinces, notamment avec 58 des 78 sièges dans la province Orientale et un tiers dans le Kasaï.

Malgré le fait que les "plus hauts responsables belges" tentent de créer une coalition des autres partis congolais pour empêcher Lumumba de devenir Premier ministre, le roi de Belgique, Baudouin, l'invite à former le premier cabinet congolais qui entre en fonction le 24 juin 1960, recevant les votes de confiance de la Chambre des représentants et du Sénat congolais qui avaient été élus dans les semaines précédentes avec Joseph Kasongo comme président de la Chambre des représentants et Joseph Ileo comme président du Sénat. Bien qu'à l'indépendance, la fonction de premier ministre était censée être le poste le plus puissant du pays, Lumumba a clairement indiqué qu'il considérait que le chef d'État devait également être le chef du gouvernement sur le modèle américain, ou l'élection du chef d'État par un vote populaire direct, plutôt que par le parlement. Mais la Constitution provisoire du nouvel État congolais a été concrétisée par une loi fondamentale belge qui a été signée par le roi Baudouin le 19 juin 1960 après avoir été approuvée à l'unanimité par la Chambre des représentants et le Sénat belges. Toutefois, Lumumba n'étant pas en mesure de contrôler une majorité de travail, il a dû conclure des alliances politiques avec d'autres partis, comme l'ABAKO, pour former un gouvernement. Cette situation a créé un compromis difficile entre Lumumba et Kasavubu qui avaient représenté des points de vue opposés au sein du mouvement indépendantiste congolais. Ainsi, le jour même de l'entrée en fonction du gouvernement de Lumumba, Joseph Kasavubu est élu premier président du nouvel État par les deux chambres du Parlement avec 159 voix contre 43 pour le seul autre candidat, Jean Bolikango, leader du parti Puna. La candidature de Bolikango à la présidence cérémoniale avait été soutenue à l'origine par Patrice Lumumba, mais on a cru que ce soutien avait été retiré en raison de l'entrée de l'ABAKO dans le gouvernement.

Dans la politique du Congo, Patrice Lumumba symbolise les "radicaux" qui s'engagent à obtenir une réelle indépendance tant sur le plan politique qu'économique et proclament le non-alignement sur le plan international. Joseph Kasavubu appartenait aux "modérés" qui bénéficiaient du soutien des Belges, des autres gouvernements occidentaux et des multinationales politiquement conservatrices au Congo. Il a fait ses études dans des écoles catholiques romaines et a passé 11 ans à se former à la prêtrise avant de décider, à l'âge de 28 ans, de devenir d'abord enseignant, puis fonctionnaire. En 1953, il fit partie des sept premiers à recevoir la "carte d'immatriculation" à Kinshasa; en 1954, il devient président de l'ABAKO qui était alors encore une association tribale plutôt qu'un parti politique et faisant référence à la carte d'immatriculation, il déclara que, dans aucun pays civilisé, on donne des certificats pour distinguer les élites de la masse. L'ABAKO désapprouvait la division de la population en "couches", en évolués et masses; et en 1956, il publie un manifeste demandant l'indépendance immédiate. Après la victoire écrasante de l'ABAKO à Kinshasa lors des élections municipales de 1957, Kasavubu devient bourgmestre de la banlieue de Dendale. Il est arrêté avec d'autres dirigeants de l'ABAKO après des troubles dans la ville en janvier 1959; il est ensuite libéré et se rend en Belgique pour prendre une part importante à la conférence de la Table ronde de janvier 1960. Jusqu'à la veille de l'indépendance du Congo, Kasavubu avait souscrit à la thèse d'un Congo fédéré. Cependant, en tant que chef d'État s'engageant à protéger l'intégrité de la nouvelle constitution du Congo, il devient un défenseur de l'unité nationale.

Les fédéralistes préconisaient des États régionaux forts liés entre eux par un gouvernement national modéré. Patrice Lumumba et ses alliés, tels que Antoine Gizenga du Parti Solidaire Africain (PSA), plaidaient pour un État fortement unitaire. En général, les accords conclus lors de la conférence de la Table Ronde ont favorisé les "unitaristes". La conférence de la Table ronde a également déterminé que, jusqu'à l'indépendance, le pouvoir exécutif serait exercé par le gouverneur général et un personnel de six Congolais. Nommé dans ce collège exécutif, Lumumba reçoit le portefeuille de la Défense.

## LA RÉPUBLIQUE DU CONGO SOUS LA DIRECTION DE LUMUMBA

Lorsque la République du Congo a obtenu son indépendance, l'optimisme et les espoirs d'un avenir radieux étaient grands. Il était supposé que le pays effectuerait une transition rapide et facile vers une démocratie représentative guidée par des constitutions démocratiques, des systèmes multipartites et d'autres institutions libérales occidentales qui avaient été mises en place au cours des dernières étapes de la décolonisation par la puissance coloniale, et que le Congo se développerait rapidement avec l'aide des pays les plus industrialisés et participerait pleinement à la communauté mondiale. Tout ce que les dirigeants congolais avaient à faire était de prendre en main les destinées politiques de leur pays. Malheureusement, la plupart des attentes se sont toutefois révélées irréalistes, et l'optimisme a été de courte durée. Au contraire, la République du Congo a tout simplement été transformé en "néo-colonialisme".

En outre, étant donné que ses frontières politiques étaient artificielles et que la plupart de ses habitants n'étaient unis ni par une expérience historique commune, ni par une affinité linguistique, ni par un héritage culturel partagé, la République du Congo avait des revendications plutôt ténues au statut de nation. Dans de nombreux cas, la vie politique précoloniale était relativement décentralisée, et l'imposition d'une identité corporative artificielle pendant la période coloniale a plus souvent exacerbé les rivalités ethniques et régionales qu'elle n'a jeté les bases de la future identité politique. En fin de compte, l'histoire, la géographie et les réalités politiques semblent avoir conspiré pour mettre l'État congolais naissant sous tutelle.

Le Congo belge est devenu indépendant le 30 juin 1960 sous le nom de République du Congo. Le drapeau du nouvel État était une grande étoile jaune et six étoiles plus petites sur un champ bleu, dont le dessin a été approuvé par le Collège exécutif le 23 mai; le même drapeau rejeté par Lumumba, comme étant "un emblème du colonialisme". L'objection de Lumumba était fondée sur sa similitude avec le drapeau du Congo belge. La République du Congo, divisé en six provinces, a une superficie de 2 345 525 kilomètres carrés (905 600 miles carrés) et comptait environ seize millions d'habitants (plus de quatre-vingts millions en 2016); Kinshasa (Léopoldville), la capitale, comptait environ 400 000 habitants (plus de dix millions en 2016). En raison de sa situation, la République du Congo était considéré comme l'un des pays les plus stratégiques d'Afrique sur le plan géopolitique. Il a des frontières avec neuf pays: Angola (y compris l'enclave de Cabinda), Zambie, Tanzanie, Burundi, Rwanda, Ouganda, Soudan, République centrafricaine et Congo-Brazzaville. Les richesses minérales contribuent largement à l'économie du pays. En 1959, les exportations de cuivre du Katanga s'élevaient à 284 000 tonnes, soit près d'un tiers des exportations du Congo en valeur, et l'Union Minière du Haut-Katanga (la principale société minière) payait des impôts et autres taxes équivalant à un quart du budget ordinaire du pays. Cette société produisait également environ 60% de la production mondiale de cobalt. Il existe d'importants gisements de diamants au Kasaï qui, en 1958, ont produit 16 000 000 de carats, soit environ 60% de l'offre mondiale de diamants industriels. La République du Congo produit également de l'uranium, du manganèse, de l'or, de l'argent et d'autres minéraux.

L'accession à l'indépendance a été précédée de cérémonies dans la journée au cours desquelles les documents de transfert du pouvoir ont été signés, et des discours ont été prononcés par le Roi Baudouin, le Président Kasavubu et le Premier ministre Lumumba. Le Premier ministre belge, Gaston Eyskens, et la délégation d'un grand nombre d'autres pays ont également assisté aux célébrations. Dans le bâtiment du Parlement, avant la signature de la déclaration d'indépendance, le Roi Baudouin a prononcé un discours dans lequel il a passé en revue la contribution de la Belgique au développement du Congo, faisant l'éloge de la grandeur du roi Léopold II, fondateur de l'État libre du Congo, précurseur du Congo belge. Le Président Joseph Kasavubu a répondu de manière diplomatique par des mots aimables et de la gratitude. Il s'est adressé aux Belges en les remerciant de leur mission civilisatrice au Congo et a promis que le Congo coopérerait avec la Belgique qui, a-t-il dit, a donné "un exemple sans précédent dans l'histoire de la décolonisation pacifique, en conduisant notre peuple directement sans transition, de la domination étrangère à l'indépendance sous la pleine souveraineté nationale". Patrice Lumumba, conscient d'être le leader du peuple et le Premier ministre naissant, s'adresse aux masses congolaises, les exaltant pour leur combat pour l'indépendance et la dignité. Il prononce un discours plus direct dans lequel, malgré la présence du roi Baudouin, il attaque violemment le bilan de l'administration belge, en dénonçant la politique d'esclavage et d'oppression de la Belgique au Congo pendant les 80 dures années du colonialisme. Faisant appel à l'aide de tous les Congolais, indépendamment de leurs liens ethniques, de tous les élus, quel que soit leur parti politique, et des nations étrangères et des peuples de bonne volonté, il a promis que son administration travaillerait à faire de la République du Congo une nation riche, libre et prospère. Ceci, a-t-il affirmé, serait un pas important vers la libération de l'Afrique dans son ensemble. Ce discours a mis le roi et sa délégation mal à l'aise pendant les festivités. Ils savaient qu'avec cet homme au pouvoir, leur rêve de néocolonialisme allait être oublié. Lors du déjeuner officiel qui suivit la cérémonie d'indépendance, Lumumba rendit toutefois hommage à la réussite belge au Congo.

Patrice Lumumba ne reste au pouvoir que deux mois. Mais quel pouvoir! Les premiers jours de l'indépendance sont relativement paisibles, mais peu après, la survie du nouvel État devient douteuse. Les Américains s'en mêlent, et les autres suivent comme d'habitude. Avec Lumumba au pouvoir, ses ennemis optent pour la déstabilisation. Dans la nuit du 5 au 6 juillet, la "Force Publique", la force militaire de la nation, se mutine contre ses officiers belges, notamment après la provocation du général Emile Janssens, commandant de la "Force Publique", qui a écrit sur un tableau noir "après l'indépendance = avant l'indépendance" et a déclaré sans ambages qu'il n'y aurait pas de changement dû à l'indépendance pour les hommes en uniforme. Il avait été maintenu à son poste par le gouvernement de Lumumba. Les mutins réclament des augmentations de salaire, le renvoi de tous les officiers belges et des promotions. À cette époque, aucun Congolais n'avait dépassé le grade de sergent-chef. Pendant cette mutinerie des soldats, les attaques ont été commises principalement contre des belges. Si l'intention de Janssens, en instiguant la mutinerie, était de discréditer le leadership de Lumumba et de le pousser éventuellement hors du pouvoir, les résultats immédiats ont été la panique et la fuite des fonctionnaires et des colons européens, qui ont privé l'économie et l'État de la plupart de leurs cadres professionnels et techniques. Le 7 juillet, la plupart des Belges ont commencé à fuir les six provinces de la République du Congo vers les territoires voisins. Plus tard, cette position a été inversée par leur retour en pleine force militaire. À leur retour, les forces belges ont défié les Nations unies et ignoré les résolutions du Conseil de sécurité. Le 10 juillet, elles sont entrées en action contre les soldats congolais en plusieurs endroits, notamment dans la province du Katanga et dans les ports de Matadi et de Boma; l'action militaire belge s'est ensuite étendue à de nombreuses autres villes, dont Kinshasa même.

Le Premier ministre Lumumba subit de fortes pressions. Le 10 juillet, il a nommé le sergent-chef Victor Lundula commandant en chef de l'armée, avec rang de général, et le sergent-chef Joseph Mobutu, secrétaire d'État à la défense, chef d'état-major, avec rang de colonel. Le nom de l'armée a été changé en ANC (Armée Nationale Congolaise), et la réorganisation et l'africanisation ont commencé. Les nouveaux commandants visitent les garnisons du pays pour calmer les troupes. Ils y parviennent en grande partie, mais la tâche de réorganiser les forces face à de nouveaux défis s'avère plus difficile. Alors que la situation devenait de plus en plus confuse, le gouvernement congolais a lancé, le 11 juillet, un appel à l'aide aux Nations Unies pour protéger la République du Congo d'une agression étrangère, tandis que le même jour, Moise Tshombe, le premier ministre du Katanga, proclamait l'indépendance de sa province, le Katanga.

La sécession du Katanga a donné naissance à d'autres mouvements sécessionnistes. Plus tard, le 9 août, Albert Kalonji proclamera l'indépendance d'un "État Minier" dans la partie sud du Kasaï, avec Joseph Ngalula comme premier ministre. Le parti ABAKO, le parti PUNA de Bolikango et d'autres partis politiques tribaux demandent la création immédiate d'une confédération du Congo, comprenant un "Royaume Kongo", une "République de l'Équateur" et d'autres "Républiques tribales". Les Belges à Lubumbashi (Katanga) jouaient un jeu tout à fait réussi contre Tshombe, Munongo, Kibwe, Kimba et leurs amis qui étaient si naïfs pour croire que la Belgique reconnaîtrait immédiatement l'État indépendant du Katanga. Aucun pays au monde n'a accordé à la province sécessionniste la reconnaissance officielle attendue, même pas la Belgique dans le coup le plus cruel de tous. Mais la sécession de Tshombe avait de toute façon un soutien international. Les États-Unis, la Belgique et la plupart des gouvernements occidentaux ont ouvertement soutenu les Katangais.

Pour Tshombe, cependant, l'idée d'un Congo fédéral permettant une autonomie équivalente à une sécession pour le Katanga provenait principalement de la récession de 1959 et de la montée des tensions ethniques avec les Luba du Kasaï. Il espérait voir un État autonome du Katanga, afin de mettre un terme à "l'immigration ruineuse" de Luba et de conserver une plus grande partie des bénéfices des minerais pour les Katangais dont le cuivre provient du sol. À cet égard, l'ascension rapide du MNC dirigé par Patrice Lumumba évoquait la menace non seulement d'une influence étrangère radicale, mais aussi de la domination continue d'un gouvernement extérieur à la province. En tant que président de la CONAKAT, Tshombe a intégré dans sa coalition l'Union du Katanga, une association de colons belges connus pour leurs opinions sécessionnistes, ou du moins, fédéralistes. Ces Belges voulaient l'autonomie pour des raisons différentes de celles de Tshombe. Pour eux, la principale menace était le point de vue radical de Patrice Lumumba qui préconisait un État unitaire. Ils ont estimé que leurs intérêts seraient mieux préservés sous un régime autonome dirigé par un modéré bien disposé à leur égard. Ensuite, au niveau national, Patrice Lumumba avait remporté la bataille pour le leadership et formé un gouvernement central. Le Katanga se voit attribuer deux portefeuilles ministériels; Tshombe juge cette part insuffisante et tente de proclamer l'indépendance du Katanga avant que le Congo belge ne devienne indépendant le 30 juin 1960. Cependant, soutenu par la communauté belge du Katanga, les militaires belges, les financiers et les politiciens belges en Belgique, Tshombe a proclamé l'indépendance du Katanga onze jours après le 30 juin. En réalité, Tshombe a servi de façade africaine aux intérêts plus puissants des compagnies minières et des colons blancs. La perspective d'un Congo indépendant dirigé par un gouvernement unitariste et nationaliste radical a permis un rapprochement entre l'Union du Katanga, l'association des colons blancs, et la CONAKAT de Moïse Tshombe. L'Union du Katanga a contribué à la préparation de la sécession. Mais pour lui donner de la crédibilité dans un environnement international marqué par un soutien écrasant à l'autodétermination nationale, à l'indépendance et à la règle de la majorité, les colons avaient besoin d'alliés congolais pour les défendre. Et ils les ont trouvés dans le CONAKAT de Moïse Tshombe.

Le 14 juillet, le Conseil de sécurité des Nations Unies a adopté une résolution autorisant l'envoi immédiat d'une force militaire des Nations Unies au Congo et demandant à la Belgique de retirer ses troupes. Les premiers soldats de l'ONU sont arrivés à Kinshasa le 15 juillet, pour atteindre le 28 juillet une force de plus de 10 000 hommes avec des unités dans toutes les provinces sauf le Katanga. La force militaire de l'ONU était composée de troupes du Canada, de l'Égypte, de l'Éthiopie, du Ghana, de la Guinée, de l'Inde, d'Indonésie, de la République Irlandaise, du Liberia, de la Fédération du Mali, du Maroc, du Pakistan, du Soudan, de la Suède et de la Tunisie. La réaction du gouvernement congolais, contre la Belgique, a été de rompre les relations diplomatiques entre les deux pays. Le débarquement des troupes belges a convaincu les autorités congolaises que la Belgique tentait de réoccuper le pays.

Outre la désintégration interne et la rivalité entre les nombreuses factions congolaises, le problème était encore compliqué par le fait que de nombreux intérêts économiques et financiers d'Europe occidentale, principalement belges, se sentaient menacés, directement ou indirectement, par le transfert de pouvoir au Congo. En outre, la véritable lutte pour le pouvoir s'est également manifestée aux Nations Unies, où les grandes puissances que sont l'Union soviétique, les États-Unis, le Royaume-Uni et la France ne sont pas parvenues à s'entendre sur une politique commune. En Occident, la situation au Congo est considérée en termes stratégiques plutôt que comme une question de souveraineté et d'intégrité territoriale. Les États-Unis craignaient spécialement que Lumumba, le soi-disant radical, fasse entrer ce pays d'Afrique central riche en minéraux et stratégiquement situé dans la sphère d'influence soviétique. En conséquence, Dag Hammarskjöld, le secrétaire général des Nations Unies, décédé le 18 septembre 1961 dans un accident d'avion en Afrique, a été pris dans l'habituel conflit entre grandes puissances et Lumumba réitère sa menace de faire appel à l'URSS ou à d'autres pays si le Conseil de sécurité ne donne pas satisfaction au Congo. Plus tard, un communiqué, publié par le président Nkrumah et le premier ministre Lumumba, indiquait que les deux chefs de gouvernement avaient décidé, en accord avec d'autres États africains indépendants, que si l'ONU n'était pas en mesure d'obtenir le retrait immédiat des troupes Belges de tout le Congo, ils créeraient un "haut commandement de forces militaires" combiné pour atteindre cet objectif et feraient appel à tout autre pays prêt à apporter une aide sincère en la matière. En tant que premier ministre, Lumumba a fait ce qu'il a pu pour redresser la situation. Son armée était un instrument de pouvoir incertain, son administration civile n'était pas formée et n'avait pas fait ses preuves; les forces des Nations Unies étaient condescendantes et affirmatives, et les alliances politiques qui sous-tendaient son régime étaient très fragiles. Les troupes belges n'évacuent pas, et la sécession du Katanga se poursuit.

La période entre la mi-août et le mois de septembre a été marquée par une grave détérioration des relations entre Lumumba et Hammarskjöld d'une part, et par un conflit ouvert entre le Président Kasavubu et le Premier ministre Lumumba d'autre part. La première a fait suite à la visite de Hammarskjöld à Lubumbashi, où il avait discuté avec Tshombe des modalités de remplacement des troupes belges au Katanga par les forces de l'ONU, sans offrir de facilités au gouvernement central pour mener une action militaire contre la sécession du Katanga. Le différend entre les deux dirigeants congolais fait suite aux tentatives de Lumumba de réprimer d'autres mouvements sécessionnistes au Kasaï, dans la province de Léopoldville et en Équateur. En outre, il avait été suggéré que Kasavubu était plus acceptable pour les gouvernements occidentaux que le radical Lumumba. Ils souhaitaient établir un régime fantoche influent à Kinshasa, ce qui n'était pas possible sous la direction de Lumumba. Par conséquent, ils ont favorisé les événements qui conduiraient à un désordre constant afin de rendre les choses plus difficiles pour le Premier ministre. Ils ont poussé Kasavubu à le démettre de ses fonctions le 5 septembre 1960. Lumumba et son cabinet ont répondu en accusant le Président de haute trahison et ont voté sa révocation. Le Parlement congolais a confirmé les deux dirigeants dans leurs fonctions, tout comme les pays africains. Pendant que ce jeu de rivalité se déroule, l'ONU saisit la station de radio de Kinshasa et empêche ainsi le Premier ministre Lumumba de l'utiliser. Le Président Kasavubu a l'avantage de pouvoir diffuser ses émissions par le biais de Radio Congo à Brazzaville (capitale du Congo francais).

Pendant un certain temps, il semblait que l'influence de Nkrumah sur Lumumba avait un certain effet et les perspectives de paix semblaient brillantes. Mais l'insistance de kasavubu à écarter Lumumba et Lundula, en nommant

Joseph Ileo comme Premier ministre et Joseph Mobutu à la tête de l'ANC, a fait éclater la crise. La situation se complique encore lorsque, le 14 septembre 1960, Mobutu annonce qu'il assume le pouvoir jusqu'au 31 décembre 1960, afin de donner à Lumumba et Kasavubu le temps de trouver un accord. Il a mis en place un gouvernement de jeunes diplômés et d'étudiants universitaires (collège des commissaires) pour servir de gouvernement provisoire. Les commissaires, au nombre de 15, ne seront pas qualifiés de ministres mais un ou plusieurs d'entre eux se verront confier la responsabilité des différents départements du gouvernement. Ils avaient étudié soit en Belgique, soit à l'université de Lovanium à Kinshasa et avaient presque tous participé à la conférence de la Table Ronde économique à Bruxelles en avril-mai comme techniciens; ils étaient considérés comme s'intéressant davantage aux questions économiques qu'aux questions politiques. Joseph Désiré Mobutu (futur Président Mobutu Sese Seko) a servi pendant sept ans dans l'ancienne "Force Publique" sous la domination belge, atteignant le grade de sergent-chef. Après avoir quitté le service en 1956, il a suivi un cours à l'Institut d'études sociales de Bruxelles et est revenu à Kinshasa pour entamer une carrière de journaliste. En même temps, il est un membre actif du MNC, et reste un partisan de Lumumba après la scission du mouvement en 1959 et participe à la conférence de la table ronde de Bruxelles en janvier 1960. Lors de la formation du gouvernement de Lumumba en mai 1960, il devient secrétaire d'État à la défense, retourne dans l'armée en tant que chef d'état major après la mutinerie de juillet, puis général, maréchal et enfin président de la République Démocratique du Congo ( la République du Zaïre) de 1965 à 1997.

Les événements ultérieurs devaient montrer que Kasavubu et Mobutu étaient tous dans le même camp contre Lumumba. Depuis, Kasavubu a été soutenu à la fois par le Commandement de l'ONU et, à partir d'octobre 1960, par les éléments de l'armée congolaise contrôlés par Mobutu. Kasavubu contrôlait la capitale. Malgré cela, Lumumba continue à affirmer qu'il est le gouvernement légal et certains de ses partisans, dirigés par le vice-premier ministre Antoine Gizenga, prennent le contrôle du nord-est du pays en novembre 1960. Le gouvernement de Gizenga fonctionnait depuis Kisangani. Ce qui se passait au Congo affectait l'Afrique. Le continent était divisé en trois camps: les modérés, les révolutionnaires et les neutres. les révolutionnaires soutiennent les forces de Lumumba contre Kasavubu. Et les modérés étaient derrière Kasavubu.

Par conséquent, l'avenir du Congo devient incertain. Les leaders politiques, responsables de l'indépendance du Congo, étaient profondément déchirés par des contradictions internes dues à leurs propres faiblesses et aux actions déstabilisatrices des Belges. Ils ont fait preuve d'opportunisme en sautant dans le train de l'indépendance sans comprendre clairement où cela les mènerait, et d'inexpérience en négligeant de traiter les aspects économiques du transfert de pouvoir. Si la fin du régime colonial a été une révolution dans le sens où le régime blanc a disparu pour être remplacé par un régime noir, il s'agit plutôt d'une révolution partielle, purement politique, qui laisse les pilliers de l'édifice debout. Compte tenu de son caractère précipité, du contexte international dans lequel elle s'est déroulée et de la crise qu'elle a provoquée, l'indépendance du Congo a également été une révolution politique très fragile.

## LA MORT D'UN PROPHÉTE

Après avoir réussi à démettre Lumumba de ses fonctions, l'alliance anti-Lumumba composée de fonctionnaires des Nations unies, d'autorités belges, de diplomates américains et de modérés congolais se préoccupait désormais de savoir comment l'empêcher de reprendre le pouvoir.

Voyant que le pouvoir lui échappait, Lumumba, qui était sous la protection de l'ONU depuis sa destitution, décida de partir pour Kisangani afin de prendre le contrôle des troupes de l'ANC et du gouvernement. Il avait accepté de suivre les conseils de ses partisans qui le pressaient, pour sa propre sécurité, de les rejoindre à Kisangani où s'étaient rassemblées les troupes qui lui étaient fidèles. Bien que sa maison soit encerclée par les troupes de l'ONU et par les soldats de l'ANC (Armée Nationale Congolaise), le soir du 27 novembre 1960, Lumumba réussit à se glisser hors de la maison en se cachant sur le plancher d'une station car du MNC qui passait régulièrement à la maison. Avec sa femme, son fils Roland et plusieurs politiciens fidèles, Lumumba quitte Kinshasa en voiture en direction du Kasaï. Ils partent avec un grand convoi de voitures, et c'est Mungul Diaka, qui deviendra plus tard le premier ministre de Mobutu, qui est censé les conduire à travers le Kasaï jusqu'à la rivière Sankuru. Ils ont pris la route la plus directe, mais Patrice Lumumba a été longtemps retardé par des réunions imprévues en chemin. Il a dû faire des discours.

Lorsque l'évasion de Lumumba a été signalée, Kasavubu, Mobutu et Tshombe étaient à Brazzaville pour participer aux cérémonies de célébration de l'indépendance de l'ancien Congo français. Mobutu est immédiatement rentré à Kinshasa, donnant l'ordre à l'armée de le capturer. Les services de renseignement américains et belges ont rapidement offert leur aide à Mobutu. Un hélicoptère de Sabena a été mis en disposition à cet effet. Entre-temps, le missionnaire catholique du Bandundu a fait un appel radio, informant Mobutu de la présence de Lumumba. Lumumba et ses compagnons ont pu entendre le bruit de l'hélicoptère qui les recherchait. Lumumba est parti dans la première pirogue pour traverser la rivière Sankuru, flanqué de soldats fidèles. La pirogue ne pouvant les accueillir tous, sa femme, son fils et son chauffeur ont attendu que la pirogue revienne les chercher. Lorsqu'ils ont traversé de l'autre côté, ils ont trouvé des soldats qui les attendaient pour les arrêter. Il y avait déjà des traîtres même dans la pirogue. Bien que Lumumba ait réussi à s'approcher à quelques kilomètres d'un territoire ami, il a été arrêté à Lodi, dans la région de Kikwit, vers 23 heures le 1er décembre 1960, alors qu'il traversait la rivière Sankuru, et envoyé à Kinshasa. Sa femme Pauline a été détenue pendant des heures. Après avoir subi de nouvelles humiliations et des passages à tabac brutaux au camp de parachutistes de Binza en présence de Mobutu, Lumumba est transféré au camp d'élite de la brigade blindée Ebeya à Mbanza-Ngungu, dans le Bas-Congo.

Même en prison, Lumumba continuait à représenter une menace pour les dirigeants modérés et pour leurs soutiens occidentaux. Le gouvernement lumumbiste de Kisangani a commencé à étendre son contrôle et son autorité dans la partie orientale de la République du Congo et a ainsi encouragé les partisans de Lumumba dans tout le pays à poursuivre la lutte pour une véritable indépendance, l'unité nationale et l'intégrité territoriale. Les responsables américains et belges ont été fortement alarmés par les rumeurs d'un coup d'État pro-Lumumba. Les autorités congolaises modérées craignaient également que les soldats, qui gardaient Lumumba à Mbanza-Ngungu, ne le libèrent, car Il était capable de déclencher un soulèvement parmi les soldats du camp. Pour Washington et Bruxelles, le moment de se débarrasser physiquement de Lumumba était arrivé, mais pas sans l'implication de ses ennemis congolais dans le complot visant à le tuer.

Enfin, conscient qu'un Lumumba emprisonné était plus dangereux qu'un Premier ministre mort, le 17 janvier 1961, dans ce que la plupart des historiens considèrent comme un coup calculé visant à l'éliminer, il est transféré, avec ses deux compagnons Maurice Mpolo, ministre de la jeunesse, et Joseph Okito, vice-président du Sénat, au régime sécessionniste du Katanga. Ils ont été sévèrement battus lors du voyage en avion vers le Katanga, en présence de deux membres du collège des commissaires, le commissaire à la défense Ferdinand Kazadi et le commissaire aux affaires intérieures Jonas Mukamba. Ensuite, à leur arrivée à Lubumbashi, ils ont été torturés à la Brouwezvilla, non loin de l'aéroport de Luano, puis fusillés par un peloton d'exécution sous le commandement du capitaine belge Julien Gat. Le lendemain, le commissaire de police belge Gérard

Soete et son frère ont retiré les corps du lieu d'inhumation, les ont découpés en petits morceaux et les ont dissous dans 200 litres d'acide sulfurique. Plus tard, ils ont dispersé les restes des corps, des os brûlés, des boucles de ceinture, des dents, etc. Par conséquent, leurs corps n'ont jamais été retrouvés.

Pendant presque un mois, les assassinats ont été gardés secrets. Lorsque la mort de Lumumba a été annoncée le 13 février 1961, cela a entraîné l'anarchie dans de nombreuses régions. La République du Congo semblait irrémédiablement fragmentée. Il y avait deux capitales, Kinshasa et Kisangani, chacune prétendant être la capitale légitime du pays. Sa mort a complètement modifié le cours des événements au Congo. Elle a divisé tout le pays et son peuple. Un résultat immédiat de la mort de Lumumba a été la décision d'un certain nombre de pays d'Europe de l'Est, d'Afrique et d'Asie de reconnaître le régime d'Antoine Gizenga (vice-premier ministre du gouvernement de Lumumba) à Kisangani comme le gouvernement légal du Congo. Les pays qui ont accordé cette reconnaissance étaient l'URSS, la Pologne, la Roumanie, la Tchécoslovaquie, la Bulgarie, la Yougoslavie, l'Égypte, le Ghana, la Guinée, le Mali, le Maroc, l'Indonésie et Cuba. Une résolution soviétique a été présentée au Conseil de sécurité le 14 février, dénonçant le meurtre de Lumumba, Mpolo et Okito comme "un crime international incompatible avec la Charte des Nations Unies" et demandant la destitution de Hammarskjöld du poste de secrétaire général de l'ONU.

Des manifestations pro-Lumumba et anti-belges ont eu lieu du 14 au 16 février dans un certain nombre de capitales d'Europe de l'Est, d'Afrique et d'Asie, accompagnées dans certains cas de graves émeutes. Les scènes les plus violentes se déroulent à Moscou, au Caire et à Belgrade, où des foules de plusieurs milliers de personnes attaquent les ambassades de Belgique, brisent les fenêtres et brûlent les meubles; en représailles, les étudiants belges attaquent et lapident les ambassades soviétique et égyptienne à Bruxelles. Des manifestations de moindre envergure ont lieu à Accra, Colombo et dans d'autres villes d'Afrique et d'Asie, ainsi que dans certaines capitales occidentales, notamment à Londres, où 29 personnes sont arrêtées lorsqu'une foule de 3 000 personnes tente de marcher sur l'ambassade de Belgique à Eaton Square. À New York, peu après le début des débats du Conseil de Sécurité le 15 février, les séances ont dû être suspendues pendant une demi-heure en raison d'une violente perturbation dans les galeries publiques causée par des manifestants qui criaient des slogans lumumbistes et nationalistes africains, refusaient de quitter la salle lorsqu'on leur demandait de le faire et attaquaient les gardes de l'ONU avec des couteaux et des chaînes de bicyclette. 18 gardes de l'ONU ont été blessés, et de nombreux manifestants étaient dans un état d'hystérie.

En effet, Patrice Lumumba a fait l'objet de débats en Afrique, en Amérique, en Europe et dans le monde entier. Sa mort a fait disparaître un homme qui, de son vivant, représentait toujours un défi pour ceux qui étaient au pouvoir au Congo. Il s'est fait aimer, haïr et craindre. Et ce, plus pour ce qu'il a dit en tant qu'homme d'État que pour ce qu'il a accompli en tant qu'homme politique. En tant qu'homme d'État, il parlait beaucoup, trop en fait, tant en public qu'en privé. En tant que politicien, il manoeuvrait habilement pour atteindre ses objectifs. Ses ennemis et certains de ses soi-disant amis ont pris peur. Ils ont mal interprété ses propos. Ils ont exagéré ses paroles, donnant à ce qu'il a dit ou fait, le sens qu'ils souhaitaient plutôt que celui qu'il voulait. On a souvent dit que le discours improvisé de Lumumba le jour de l'indépendance devant le roi des Belges Baudouin a scellé sa perte. On a également souligné qu'il l'avait offensé en prononçant son discours. Les Belges voulaient qu'il réponde à leur roi, comme Kasavubu l'avait fait, par des mots aimables et de la gratitude, en les remerciant de leur mission civilisatrice au Congo. Mais le roi belge Baudouin, n'a-t-il pas offensé les Congolais le même jour par son discours dans lequel il a loué la grandeur du roi Léopold II, sachant très bien que ce dernier a commis un génocide au Congo? En fait, la chute et l'assassinat de Lumumba ont été le résultat d'une vaste conspiration impliquant les États-Unis, la belgique, les puissances Occidentales et les responsables de l'ONU, d'une part, et ses ennemis politiques congolais, notamment Kasavubu, Mobutu et Tshombe, d'autre part.

Le rêve de Lumumba avait toujours été de diriger le Congo, de devenir l'égal, et si possible le supérieur des plus illustres leaders de l'histoire de la libération africaine. Son ambition immédiate était d'être le chef du gouvernement congolais. Un fait surprenant semble avoir déterminé la vie politique de Lumumba: ses amis proches ont déclaré qu'il était prédestiné à ne pas vivre longtemps. Il était convaincu de sa mission de libérer le Congo, mais il croyait aussi fermement qu'il n'avait que peu de temps à sa disposition, et qu'il devait faire tout ce qu'il pouvait le plus rapidement possible. Cela expliquerait certainement son impatience, son comportement impulsif, sa méfiance à l'égard de tous ceux qui lui conseillaient d'attendre, de se donner du temps, de bien réfléchir à ses actions et de penser avant de parler. Un jour, il réunit sa femme et ses enfants, et leur dit qu'il allait probablement mourir, que de nombreux complots avaient déjà été déjoués. D'une certaine manière, il savait ce qui se passait. Non seulement il se sentait incompris de ses amis et de ses compatriotes, mais à la fin, il savait qu'il allait mourir. Lumumba en parlait souvent: "je sais que je n'aurai jamais la chance de voir mes enfants grandir". Et il le disait régulièrement à sa femme. C'était vers la fin et il savait ce qui allait arriver. C'est pourquoi il a décidé d'envoyer les enfants plus âgés en Égypte en novembre 1960. Le président égyptien Gamal Abdel Nasser a invité toute la famille de Lumumba après les assassinats et s'est occupé d'eux jusqu'à sa mort.

Aujourd'hui mort, Lumumba est décrit comme un "héros national" pour le peuple congolais et toute l'Afrique, et son assassinat comme l'un des crimes les plus graves des colonialistes. Car la particularité de ce crime réside dans le fait qu'il a été commis sous le drapeau bleu des Nations Unies. Les Américains, les Belges, leurs alliés et leurs agents portent la pleine mesure de la responsabilité de ces crimes. Kasavubu, Mobutu et Tshombe n'échapperont pas à leur responsabilité devant les peuples du Congo et d'Afrique pour avoir été les marionnettes des Américains et des Belges. En fait, il y a trois niveaux de responsabilité distincts. Au plus haut niveau, il y avait un comité du Congo présidé par le Premier ministre belge Gaston Eyskens et comprenant le ministre belge des Affaires africaines Harold d'Aspremont Lynden et le ministre belge des Affaires étrangères Pierre Wigny. Ce sont les deux derniers qui ont orchestré l'ensemble du plan d'assassinat par l'intermédiaire de leurs assistants tels que le major Jules Loos, conseiller militaire de d'Aspremont Lynden. Et c'est ce ministre qui a donné l'ordre final pour le transfert de Lumumba à Lubumbashi, qui a eu lieu le 17 janvier 1961 dans un avion Sabena DC4 sous le commandement du capitaine belge Piet Van der Meersch. Le gouvernement belge ne souhaitait pas négocier un compromis avec le Premier ministre Lumumba, comme l'avait suggéré le gouvernement congolais. Au contraire, il a pris une part prépondérante dans l'organisation de son assassinat par l'intermédiaire des officiers belges encore au pouvoir en République du Congo.

Aux États-Unis, une commission sénatoriale dirigée par le sénateur Frank Church a enquêté en 1975 sur le rôle de la Central Intelligence Agency (CIA) dans l'assassinat de Lumumba. Après avoir détaillé tout ce que l'Agence a fait pour planifier et aider les rivaux politiques de Lumumba au Congo à le tuer, la commission a absous la CIA, puisqu'elle n'a pas réellement exécuté l'acte d'assassinat. Mais, témoignant devant la commission sénatoriale américaine, Lawrence Devlin, qui était le chef de la station de la CIA à Kinshasa dans les années 1960, a admis que la CIA avait un plan pour assassiner Patrice Lumumba et avait même fait les premiers préparatifs pour le mettre en oeuvre. Mais, a-t-il dit, ce plan n'a jamais été exécuté. Il a avoué que, bien qu'il n'ait aucune objection morale au principe de l'assassinat politique lorsque les circonstances l'exigent, le meurtre de Lumumba n'a jamais été une mesure qu'il considérait personnellement comme nécessaire ou qu'il avait l'intention de mettre en oeuvre. Il espérait que les Congolais régleraient la question entre eux, d'une manière ou d'une autre. Mais peut-être, Devlin a juste aseptisé son compte avec le passage du temps. Il savait très bien que l'élimination et l'assassinat de Lumumba était un objectif urgent et primordial de la CIA, et il a aidé les ennemis de Lumumba à atteindre cet objectif. L'autorisation venait du président Eisenhower lui-même. Bien qu'il semble que la CIA n'ait pas directement assassiné Lumumba, elle était, pour le moins, présente en coulisses pour l'encourager et le faciliter. Les preuves ne laissent guère de doute sur le fait que les responsables américains ont encouragé les opposants de Lumumba à l'éliminer. Plus précisément, il existe également des preuves indiquant que Devlin avait quelque chose à voir avec l'organisation du transfert de Lumumba au Katanga et que la CIA s'est ensuite attribuée le mérite de l'assassinat.

En Belgique, de nouvelles révélations de Ludo De Witte, un sociologue belge, sur le rôle des autorités belges dans l'assassinat ont contraint le gouvernement à approuver, en décembre 1999, la création d'une commission d'enquête parlementaire. Enfin, le 5 février 2002, la Belgique présentait ses "regrets" et "excuses" officiels pour son rôle dans l'assassinat du premier Premier Ministre du Congo Patrice Lumumba, et ses deux compagnons Maurice Mpolo et Joseph Okito. En admettant que "certains acteurs belges portent une responsabilité irréfutable dans les événements qui ont conduit à la mort de Lumumba", Louis Michel, le ministre belge des affaires étrangères, a fait un pas de plus que la commission Lumumba elle-même qui n'avait admis que la "responsabilité morale" belge dans l'assassinat. Je ne comprends pas pourquoi le gouvernement belge n'a toujours pas admis qu'il a joué un rôle clé dans l'assassinat de Lumumba. Il existe des preuves flagrantes que personne ne peut nier: L'avion DC4 de la Sabena, dans lequel Lumumba a été transféré à Lubumbashi, était sous le commandement du capitaine belge Piet Van der Meersch; Lumumba et ses deux compagnons ont été abattus par un peloton d'exécution sous le commandement du capitaine belge Julien Gat; Le commissaire de police belge Gerard Soete était chargé de retirer les corps du site d'enterrement, de les découper en petits morceaux et de les dissoudre dans l'acide sulfurique. Claude Grandelet, un officier belge, l'un des témoins des dernières heures de la figure mythique de l'indépendance congolaise, raconte qu'il est envoyé de toute urgence à l'aéroport de Luano. Il a pris place dans la tourelle d'une auto blindée conduite par le brigadier belge François Son. Trois prisonniers sont débarqués du DC4, dont Patrice Lumumba, le Premier ministre congolais détenu, depuis décembre, au camp militaire de Thysville (Mbanza-Ngungu), au Bas-Congo. Ils sont traînés vers une jeep sous les vociférations et les coups de crosses. Perché dans la tourelle de son auto blindée, le lieutenant Grandelet suit le convoi qui emmène les prisonniers à la maison Brouwez, la villa réquisitionnée d'un colon belge. Sur place, les prisonniers sont brutalisés par les militaires chargés de les garder. Grandelet a demandé à voir Lumumba. Le capitaine belge Julien Gat, qui avait la clé de la salle de bains où il avait enfermé Lumumba, l'a accompagné. Personne ne pouvait s'y rendre sans son autorisation. Grandelet a vu Lumumba assis près de la cuvette des WC, les genoux repliés, les mains liées derrière le dos. Il était marqué par les coups reçus, mais n'avait pas de blessure ouverte et était conscient. Une partie de sa chevelure avait été arrachée et il n'avait plus de lunettes. Pour Claude Grandelet, Patrice Lumumba lui est apparu très digne. Il savait que tout était fini pour lui.

Toute personne sensée peut arriver à la conclusion que si "certains acteurs belges portent une responsabilité irréfutable dans la mort de Lumumba, comme l'a admis le ministre belge des Affaires étrangères, Louis Michel, en février 2002", mais ces "certains acteurs belges" n'auraient jamais pu agir seuls si l'autorisation n'était pas venue du sommet de l'État belge. Les Belges ne peuvent pas se mentir à eux-mêmes en pensant qu'ils peuvent cacher la vérité aux Congolais en permanence. De ce fait, avec le recul, je comprends mieux aujourd'hui la réaction de mon fils, Preston Paul Nzinga Mumbata. Même s'il n'avait que 15 ans en 2012, alors que nous voyagions en bus du Danemark à la France en passant par la Belgique, il a refusé que ses pieds touchent le sol belge lorsque le bus s'y est arrêté pendant un certain temps. J'ai essayé par tous les moyens de le convaincre du contraire, mais en vain. Lui, qui est né au Danemark, ne pouvait pas comprendre pourquoi son père, qui était né au Congo, était à l'aise en Belgique, un pays qui a commis un génocide par l'intermédiaire de son roi Léopold II en tuant des millions de Congolais pendant la colonisation et qui a ensuite commis l'un des crimes les plus graves des colonialistes en assassinant le Premier Ministre Patrice Emery Lumumba. Et tout cela uniquement parce que la Belgique voulait posséder le Congo, qui est l'un des pays les plus riches du monde, si ce n'est le plus riche en termes de ressources naturelles. Mon fils, Preston Mumbata, a fait valoir que le peuple congolais doit honorer tous ces morts de la même manière que les Juifs et les autres peuples du monde le font lorsqu'un génocide se produit. C'est un devoir de mémoire indispensable. Et il a ajouté que si la situation était inversée, comment auraient réagi les Belges si leur roi Baudouin avait été assassiné par les Congolais et qu'une de ses dents avait été conservée par son bourreau? Il est clair que le Congo aurait payé pour ce crime jusqu'à aujourd'hui.

Quoi qu'il en soit, l'épouse de Lumumba, Pauline Opango, aujourd'hui décédée, n'a pas eu l'occasion de témoigner et de dire "sa vérité" à la commission Lumumba parce que la famille a désigné François Lumumba (fils aîné) comme son représentant. Mais elle était en Belgique pour l'entendre de la bouche du ministre belge des Affaires étrangères. Alors qu'elle regardait Louis Michel en direct à la télévision, le texte de la fameuse lettre, que Lumumba, arrêté et battu sans pitié par ses geôliers, lui avait écrite début janvier 1961, dans laquelle il prophétisait que "l'histoire aura un jour son mot à dire, mais ce ne sera pas l'histoire qu'on enseigne à Bruxelles... L'Afrique écrira sa propre histoire, et au nord et au sud du Sahara, ce sera une histoire glorieuse et digne", a dû flotter au-dessus des yeux embués de Pauline.

Cette lettre mérite d'être citée dans son intégralité:

"Ma chère épouse", avait commencé Lumumba. "J'écris ces mots sans savoir s'ils vous parviendront, quand ils vous parviendront et si je serai encore en vie lorsque vous les lirez.

Tout au long de ma lutte pour l'indépendance de mon pays, je n'ai jamais douté un seul instant du triomphe final de la cause sacrée à laquelle mes compagnons et moi avons consacré toute notre vie.

Mais ce que nous avons souhaité pour notre pays, c'est son droit à une vie honorable, à une dignité sans tache, à une indépendance sans restriction, n'a jamais été souhaité par les impérialistes belges et leurs alliés occidentaux qui ont trouvé un soutien direct et indirect, délibéré ou non, auprès de certains hauts fonctionnaires des Nations Unies, cette organisation en laquelle nous avons placé toute notre confiance lorsque nous avons fait appel à son aide.

Ils ont corrompu certains de nos compatriotes et soudoyé d'autres. Ils ont contribué à déformer la vérité et à déshonorer notre indépendance. Comment pourrais-je parler autrement? Mort ou vivant, libre ou en prison sur ordre des impérialistes, ce n'est pas moi qui compte, c'est le Congo. C'est notre pauvre peuple pour qui l'indépendance s'est transformée en une cage de l'autre côté de laquelle le monde extérieur nous regarde, parfois avec une sympathie bienveillante, parfois avec joie et plaisir.

Mais ma foi restera inébranlable. Je sais et je sens dans mon coeur que tôt ou tard mon peuple se débarrassera de tous ses ennemis, internes et externes, et qu'il se lèvera comme un seul homme pour dire non à la dégradation et à la honte du colonialisme, et retrouvera sa dignité dans la claire lumière du soleil.

Nous ne sommes pas seuls. L'Afrique, l'Asie et les peuples libres et affranchis du monde entier seront toujours aux côtés de ces millions de Congolais qui n'abandonneront pas la lutte jusqu'au jour où il n'y aura plus de colonisateurs ni mercenaires sur notre sol. Quant à mes enfants que je quitte et que je ne reverrai peut-être jamais, je voudrais qu'on leur dise que le Congo a un grand avenir, et qu'il leur appartient, comme à chaque Congolais d'accomplir la tâche sacrée de reconstruire notre indépendance et notre souveraineté; car sans dignité, il n'y a pas de liberté, sans justice, il n'y a pas de dignité, et sans indépendance, il n'y a pas d'hommes libres.

Ni la brutalité, ni la cruauté, ni la torture ne m'amèneront jamais à demander grâce, car je préfère mourir la tête haute, la foi inébranlable et la confiance profonde dans le destin de mon pays, plutôt que de vivre soumis et au mépris des principes sacrés.

L'histoire aura un jour son mot à dire, mais ce ne sera pas l'histoire enseignée à Bruxelles, Paris, Washington ou aux Nations unies, mais l'histoire qui sera enseignée dans les pays libérés de l'impérialisme et de ses marionnettes. L'Afrique écrira sa propre histoire, et au nord et au sud du Sahara, ce sera une histoire glorieuse et digne.

Ne pleure pas pour moi, ma chère épouse, je sais que mon pays, qui souffre tant, saura défendre son indépendance et sa liberté.

Vive le Congo. Vive l'Afrique!"

Quel homme de dignité était Lumumba! Sachant qu'il allait être tué, il a refusé de demander grâce et d'ignorer les principes sacrés. C'était vraiment un homme au caractère fort qui entendait poursuivre sa politique, quels que soient les ennemis qu'il se faisait dans son pays ou à l'étranger. En outre, la République du Congo était un pays clé en termes de géopolitique de l'Afrique, et en raison de sa richesse, de sa taille et de sa contiguïté avec l'Afrique australe dominée par les Blancs, les adversaires de Lumumba avaient des raisons de craindre les conséquences d'un régime congolais radical ou radicalisé. En outre, dans le contexte de la guerre froide, le soutien de l'Union soviétique à Lumumba est apparu à l'époque comme une menace pour beaucoup d'occidentaux et le cynisme des puissances occidentales est devenu encore plus évident une fois que la principale menace pour leurs intérêts au Congo a été éliminée. Après l'assassinat de Lumumba et l'élimination de ses amis et partisans de la scène politique à Kinshasa, Les États-Unis, la Belgique et les autres puissances occidentales ont décidé qu'ils pouvaient faire des affaires rentables au Congo avec les modérés pro-occidentaux qu'ils avaient contribué à mettre au pouvoir.

# *CHAPITRE III*

## CHARISME ET COMPORTEMENT DE L'ÉLITE

Partout dans le monde, les gens ont tendance à prendre leurs leaders pour modèles. Le mimétisme du comportement des leaders, y compris de leurs gestes, en est une preuve éloquente. Au Congo, Lumumba était un exemple. Parce qu'il arborait une barbichette et une raie dans les cheveux, des milliers de personnes ont suivi son exemple. Pendant le court mandat de Lumumba en tant que leader national, de nombreux événements ont fait de lui un héros aux yeux du public. Les artistes congolais ont tiré parti de ces événements pour exercer leur esprit créatif. À bien des égards, ils ont dépeint Lumumba comme un être humain extraordinaire, unique parmi les leaders congolais par son courage, ses pouvoirs et son dévouement à la libération de la République du Congo. Par exemple, de nombreux artistes l'ont représenté avec la délégation congolaise lors de la conférence de la Table Ronde à Bruxelles pour discuter de l'indépendance du Congo.

Et à la veille de l'indépendance, les leaders congolais ont créé des partis politiques dont la plupart avaient une base ethnique. Le parti de Patrice Lumumba, le MNC, était pratiquement le seul parti politique véritablement nationaliste. Kinshasa et Kisangani sont les principaux bastions du parti, mais il a aussi des représentants ailleurs. L'une des manifestations de la vie politique, après la création des partis politiques et de la Conférence de la Table Ronde, est la campagne électorale. Dans une scène, Lumumba est représenté portant des panneaux sur lesquels on peut lire: Tout le monde vote pour MNC. Dans une autre, il tient un meeting de campagne électorale dans un village, debout, les bras en l'air, entouré d'hommes et de femmes. Certaines peintures illustrant les événements de la fête de l'indépendance montrent le Premier Ministre Lumumba, le Roi Baudouin et le Président Kasavubu s'adressant aux dignitaires et au public. Patrice Lumumba est certainement le héros le plus glorifié à ce jour en République Démocratique du Congo.

En effet, une quantité considérable d'informations ont été publiées depuis sa mort, notamment en ce qui concerne ses relations avec les leaders politiques congolais, les Belges et les membres de sa famille. En utilisant la distance sociale comme critère, on peut identifier deux groupes de fonctionnaires: ses amis proches considérés comme radicaux et les autres leaders appelés modérés. La relation de Lumumba avec ses amis proches était entre égaux, malgré le fait que ses amis proches étaient prêts à satisfaire tous ses désirs. Leurs longues années en tant que membres du club des évolués, membres de l'APIC, membres du MNC, et plus tard membres du gouvernement ont eu pour effet de minimiser la distance sociale entre eux. Il est clair que cette relation n'était pas une relation de domination. Ayant établi le lien charismatique et connu l'adulation de masse, Lumumba ne traitait pas ses amis proches comme des hommes de course qui n'étaient plus indispensables.

En réalité, Lumumba lui-même n'avait pas changé, mais ses amis avaient changé d'opinion à son égard. Certains voulaient avoir le privilège de se proclamer publiquement ses amis intimes, d'autres se considéraient comme des bienfaiteurs envers lesquels Lumumba devait une certaine gratitude. Néanmoins, les deux groupes étaient fiers de cet ancien employé des Postes devenu Premier Ministre. Et lui, tout en restant affable avec ses anciens amis, blancs ou noirs, ne pouvait jamais oublier son nouveau statut et ses nouvelles responsabilités. Mais aucune information fiable ne permet de dire si la réaction de certains de ses amis proches était de l'amertume et de la jalousie envers un collègue qui avait été élevé au-dessus du groupe par la force du charisme. On peut constater que lors de la crise du Congo, ils ont formé une sorte de bloc derrière Lumumba. Ils le soutenaient contre les autres dans toutes ses décisions. Après son assassinat, ils se sentaient encore plus proches de lui. En son nom, ils se sont rebellés contre tous les gouvernements centraux formés à Kinshasa. La plupart d'entre eux ont été tués en défendant la cause de Lumumba et les droits des Congolais à une indépendance totale.

Les relations de Lumumba avec les leaders modérés étaient fondées sur le respect. Même si leurs points de vue sur l'orientation politique du Congo étaient opposés aux siens, il a réussi à établir une relation assez amicale avec eux, notamment avec Kasavubu, car ils travaillaient ensemble pour le développement du Congo. C'est plus tard avec la crise du Congo et l'aide des puissances occidentales, que Kasavubu et ses amis ont commencé à considérer Lumumba comme leur ennemi. Lumumba lui-même a déclaré qu'il avait toujours considéré Kasavubu comme l'un de ses amis. Il n'avait jamais ressenti d'antagonisme à son égard. Si Kasavubu était chef d'État, c'était grâce à lui. Lumumba a utilisé sa majorité parlementaire en faveur de Kasavubu plutôt que de Bolikango, l'autre candidat. Il a lui-même déclaré qu'il ne souhaitait pas être chef d'État car il était encore trop jeune (35 ans) et préférait travailler, car la fonction de premier ministre était censée être la plus puissante. La fonction de chef d'État n'était qu'une présidence protocolaire. Il savait que, même certains députés de l'opposition ne souhaitaient pas que Kasavubu soit élu, car il était considéré comme séparatiste; ils préféraient Bolikango.

Lorsqu'une scission s'est développée au sein du MNC en 1959 et s'est transformée en un schisme ferme, une aile du parti étant connue sous le nom de MNC Lumumba, et l'autre aile sous le nom de MNC Kalonji, Lumumba a néanmoins continué à coopérer avec Kalonji sur certaines questions. Albert Kalonji s'identifiait de plus en plus au groupe de politiciens qui préconisaient une fédération selon les lignes ethniques. Lumumba, quant à lui, a continué à insister sur un gouvernement unitaire, sans tenir compte des différences ethniques. Le fédéralisme, selon lui, n'était qu'un subterfuge pour le séparatisme et la division. En dépit de leurs divergences, Lumumba a toutefois fait campagne pour la libération de Kalonji lorsque celui-ci a été placé en résidence surveillée en 1959.

Cependant, les événements de juillet et septembre 1960 sont venus modifier les relations de Lumumba avec certains de ses ministres et collègues. Il semblait mener une bataille très solitaire. Lorsque tout allait bien, il était entouré d'amis et d'admirateurs, dont certains étaient faux et conspiraient même activement contre lui. Mais au premier signe de trouble, il se retrouvait seul et luttait seul. Joseph Mobutu, son ami intime, qu'il avait nommé secrétaire personnel du MNC, puis secrétaire d'État au gouvernement, et enfin chef d'état-major de l'armée congolaise, l'a trahi au profit du groupe Kasavubu. Plus tard, Kasavubu et Mobutu ont tous deux joué un rôle clé dans l'assassinat de Lumumba.

La famille de Lumumba connaissait très bien Mobutu. Il a rencontré Patrice Lumumba lorsqu'il étudiait le journalisme à Bruxelles. Les deux hommes partageaient beaucoup des mêmes instincts: la croyance en un Congo uni et fort et le ressentiment à l'égard de l'ingérence étrangère. Grâce à l'influence de Lumumba, Mobutu allait devenir un membre à part entière du MNC. Il a agi en tant qu'assistant personnel de confiance de Lumumba, décidant qui il voyait, programmant ses activités. Il se sentait vraiment chez lui dans la maison de Lumumba. Il entrait et sortait à sa guise, et se servait en whisky et en bière. Il y passait ses journées. Il était totalement immergé dans la vie de famille de Lumumba. Patrice Lumumba avait l'habitude de faire confiance aux gens assez facilement et rapidement. C'était un homme bon. Il avait l'habitude de dire à sa femme que Mobutu était son ami et qu'il était le bienvenu dans leur maison. Lumumba savait très bien que Mobutu avait besoin d'argent pour aider sa famille, mais il lui a conseillé de ne pas trahir le Congo et son peuple pour cela. Mais Mobutu, comme Judas Iscariot a trahi Jésus Christ en allant vers les principaux sacrificateurs, trahit son propre ami en allant vers les Belges et les Américains.

Patrice Lumumba a commis une grave erreur en s'appuyant sur sa confiance excessive dans la loyauté des gens qui l'entouraient. Bien qu'il fût un homme très intelligent, à l'esprit vif, exerçant un pouvoir considérable sur le commun des mortels, il était très passionné et manquait de pragmatisme. Ces caractéristiques obscurcissaient son intelligence, en ce sens qu'il commettait beaucoup d'erreurs de réflexion, de jugement et de modération. Il a refusé d'écouter les rumeurs apparemment fondées sur les liens de Mobutu avec les services de renseignement belges et américains, lorsqu'il l'a nommé colonel et chef d'état-major de l'ANC. En dépit de ce que disaient ses amis, Lumumba gardait Mobutu près de lui. Il avait involontairement choisi son propre Judas.

Patrice Lumumba respectait et appréciait beaucoup le roi belge Baudouin. Ils se sont parlé très longtemps à Kisangani, lorsque le roi a visité le Congo pour la première fois en 1955. Pour Lumumba devenu Premier Ministre, l'avenir du Congo devait se construire avec le soutien des Belges, entre autres. Il a répété à plusieurs reprises qu'ils étaient les bienvenus au Congo, et quand il pouvait, il les défendait et les protégeait. Ses meilleurs amis étaient belges, comme Jean Van Lierde qui était l'un de ses amis confidentiels et proches. Mais Lumumba, lui-même, ne savait pas pourquoi les Belges le détestaient tant. Il voulait seulement que le peuple congolais ait une meilleure vie et un meilleur accès à l'éducation.

La relation de Lumumba avec sa famille était basée sur l'amour et le respect. Sa femme Pauline Opango est née à Katako-Kombe comme lui. Ils ont eu trois enfants, Patrice, Juliana et Roland. Pendant la crise qui a précédé l'assassinat de son mari, alors que la famille était encore en résidence surveillée à Kinshasa, Pauline était si stressée qu'elle a donné naissance à une petite fille prématurée, Marie Christine, qui est morte quelques jours plus tard. Mais, Lumumba a eu un autre fils, François, avec sa première femme qui s'appelait aussi Pauline. Sa femme décrit l'homme qu'elle a connu vers 1950 à Kisangani alors qu'il travaillait à la poste, comme un "bon mari et père" qui l'a protégée. Il était gentil, et chaque fois qu'il le pouvait, il jouait avec les enfants dans le jardin. Mais, il était tout le temps en train de lire et d'étudier parce qu'il devait apprendre beaucoup par lui-même. Souvent, il ne parlait pas pendant de longues heures.

Lumumba était capable de s'exprimer facilement en français, en swahili (langue parlée dans l'est du Congo) et en lingala (langue parlée par la plupart des Congolais). Il est devenu une figure charismatique puissante qui pouvait émouvoir les Congolais et les masses africaines avec son message d'unité africaine. Il était si connu pour son éloquence politique qu'en décembre 1958, un employé d'hôtel de Kinshasa a emmené les dirigeants est-africains A.R. Mohamed Babu et Tom Mboya, qui avaient fait escale à Kinshasa sur le chemin des conférences panafricaines d'Accra, au Ghana, pour le rencontrer. Ils étaient tellement impressionnés par Lumumba qu'ils ont cherché et obtenu des ressources financières de chez eux pour l'emmener à Accra avec deux autres dirigeants congolais, Gaston Diomi et Joseph Ngalula. Là, Lumumba rencontre Kwame Nkrumah, Gamal Abdel Nasser et de nombreux autres dirigeants qui le soutiendront plus tard dans sa lutte pour défendre l'indépendance et l'intégrité territoriale du Congo. Kwame Nkrumah, Gamal Nasser et Patrice Lumumba étaient très favorables à l'idée de créer les États-Unis d'Afrique avec une union politique, économique et monétaire.

C'est à partir de la conférence d'Accra que Lumumba a ramené au Congo de nouvelles perspectives politiques, un nationalisme mature et un engagement fort en faveur du projet national africain. Les principales composantes de ce projet, qui continuent de définir le Lumumbisme comme une idéologie politique et un héritage héroïque en République Démocratique du Congo, sont l'unité nationale, l'indépendance économique et la solidarité panafricaine. Il était doté d'une énergie et d'une ambition extraordinaires. Son pouvoir politique s'est étendu au Congo-Brazzaville voisin. Dans l'un de ses célèbres discours pendant la lutte pour l'indépendance, il a déclaré que les deux Congo ne formaient qu'une seule nation. Il a donc fait l'éloge de l'unification des deux pays.

Dans la mosaïque politique congolaise, Lumumba symbolisait la quête collective de grandeur des Congolais. Il pouvait s'adresser au Parlement congolais de manière spirituelle, ce que Kasavubu, le président, ne pouvait espérer accomplir. Si son charisme personnel avait légitimé la lutte pour l'indépendance, il l'avait également placé au-dessus de tous les autres leaders congolais. Mais, Patrice Emery Lumumba était un idéaliste, et comme tous les idéalistes purs et sincères, il manquait souvent de réalisme; trop souvent, il pensait que vouloir une chose était aussi bien que de l'avoir déjà, et que concevoir une idée originale était aussi bien que de la mettre en oeuvre.

## LE RÔLE DE LA PROPAGANDE POLITIQUE AU CONGO

Les médias de masse sont des méthodes de communication conçues pour atteindre un large public. Dans l'Antiquité, les communications au Congo se faisaient principalement par voie orale et sur de longues distances, par le biais de messagers se déplaçant de ville en ville à pied et en pirogue. À cette époque, les messagers et l'allocution publique étaient largement utilisés dans tout le Congo. En outre, les autorités utilisaient des instruments tels que la flûte, le tambour à fente et le tam-tam pour transmettre des messages spéciaux. Les "tambours parlants" étaient une forme majeure de communication parmi les sociétés congolaises. Le tambour, généralement un tronc d'arbre durci ou une autre forme de bois creusé, imitait de nombreuses façons les tons et les voyelles de certaines des langues congolaises. Ainsi, les tambours parlants pouvaient être compris par des groupes ethniques parlant des langues différentes.

Les moyens de communication modernes ont été introduits au Congo pendant la période coloniale, au milieu des années 1900. Pendant longtemps, la radiotélégraphie a été le seul moyen moderne disponible. Puis, des moyens plus complexes, comme la radio, ont été introduits. Par conséquent, la plupart des Congolais recevaient des informations par la radio qui était historiquement le plus accessible et le plus populaire des médias d'information. Le service de radiodiffusion est présent au Congo depuis son introduction par les missionnaires catholiques en 1937. Le gouvernement colonial a suivi le chemin en 1940 avec la création de la Radio Congo Belge (RCB) officielle. À partir de 1950, des systèmes de lignes téléphoniques ont été mis en place dans certaines parties du Congo, notamment dans les provinces de Kinshasa, du Bas-Congo (Matadi) et du Katanga (Lubumbashi).

Mais bien avant, en 1892, les missionnaires ont introduit la presse écrite au Congo avec la création de "Minsamu mia yenge" à Matadi, province du Bas-Congo. Le gouvernement colonial a rapidement adopté son usage et, quelque temps plus tard, les entreprises ont également adopté l'usage des publications. La presse au Congo est restée sous contrôle étranger pendant toute la période coloniale. Toutefois, avant l'indépendance, une poignée de Congolais s'étaient fait une réputation de journalistes professionnels et plusieurs journaux, dont certains étaient financés par des groupes religieux, étaient publiés dans la colonie et ont, pour la plupart, continué à l'être les premières années après l'indépendance de la République Démocratique du Congo.

Mais la politique coloniale graduelle de la Belgique, avec son système d'éducation restrictif, a limité les possibilités de participation politique des Congolais. L'isolement relatif de ces derniers par rapport au monde extérieur a entraîné une lente croissance du nationalisme. Néanmoins, progressivement, les leaders congolais ont réussi à diffuser leurs politiques d'organisation aux masses par le biais de divers journaux. Le plus célèbre est la "Conscience Africaine" qui a été l'un des premiers journaux à employer des Congolais dans sa rédaction et le premier à exprimer les points de vue et les plaintes des Congolais à l'égard du régime colonial. L'approbation par le journal d'une monographie du professeur belge Van Bilsen, selon laquelle l'indépendance du Congo n'était pas pour demain mais dans trente ans, a incité Lumumba et d'autres leaders à publier un manifeste exprimant le point de vue des "évolués" en faveur d'un programme global de changement politique. Mais, l'importance du manifeste était surtout le fait de sa publication. La principale réaction est venue du groupe Kasavubu ABAKO. Trois semaines plus tard, ils ont publié un contre-manifeste soutenant la déclaration de "Conscience Africaine", mais allant plus loin en exigeant des droits politiques immédiats d'association, de parole et de presse. Par ailleurs, à travers des romans, de la poésie ou d'autres formes de narration, les écrivains congolais ont abordé des thèmes tels que l'oppression coloniale, les conflits ethniques, la trahison politique, l'abus de pouvoir, les invasions de rebelles et le nettoyage ethnique.

Le succès de Patrice Lumumba à séduire le peuple s'est accru à pas de géant. Par le biais des journaux et de la radio, en prononçant des discours de ville en ville, de village en village, il a touché le coeur des Congolais. Par conséquent, ces villes et villages ont été maintenus dans un état de vive agitation. Lumumba a poursuivi ses activités au Congo en mobilisant également les jeunes et les femmes, et en réalisant progressivement des actions positives d'une manière inconnue au Congo. Il en résulta que les gens commencèrent à se considérer comme des frères et soeurs, indépendamment de leurs caractéristiques ethniques. La question de l'unité du Congo a continué à préoccuper Lumumba tout au long de sa courte carrière politique.

Après l'indépendance du Congo, Les dirigeants belges ont clairement montré leur aversion pour Lumumba, notamment en raison de son célèbre discours prononcé le jour de l'indépendance devant leur roi Baudouin. Ils ont donc commencé à désinformer leurs compatriotes vivant au Congo en leur faisant croire que quelque chose de désagréable allait leur arriver sous la direction de Lumumba. Les journalistes belges n'étaient pas non plus objectifs. D'ailleurs, même s'ils avaient une certaine compréhension de la politique de Lumumba, même s'ils étaient sous son charme, ils ne pouvaient pas écrire sur le sujet, car de nombreux journaux, surtout ceux de Belgique, soutenaient la présence de la Belgique au Congo et la mise en place d'un gouvernement des leaders congolais modérés. Il en résulta un exode massif des administrateurs coloniaux qui avaient perdu toute envie de travailler sous le nouvel ordre.

Patrice Lumumba était certes contre le départ des Belges. Mais que pouvait-il faire contre la propagande belge?

La "Force Publique", l'armée coloniale qui avait écrasé la population congolaise pendant toute la période coloniale, s'est révoltée contre les officiers belges qui étaient toujours aux commandes après l'indépendance. Mais dans la plupart des journaux belges, il était écrit que c'était la faute de Lumumba. Ils blâmaient ses discours et les politiques du MNC pour tout ce qui se passait au Congo. En fait, ce sont les propos du général belge de la "Force Publique", Emile Janssens, qui ont déclenché la rébellion de l'armée. La presse a complètement exagéré ce qui s'est passé à l'époque. Les journalistes belges se sont déchaînés et ont écrit: Lumumba, le dictateur fonceur, le premier nègre du prétendu État, le premier ministre fou, le manipulateur ambitieux, le politicien de la brousse, le nègre à la barbichette, le nain, mi charlatan, mi missionnaire, etc. En agissant ainsi, les dirigeants belges savaient exactement que cet exode massif des administrateurs coloniaux pouvait contribuer à l'effondrement du Congo de Lumumba. Ils savaient que, pendant toute la période coloniale, ils étaient réticents de façon indubitable à préparer les indigènes à leurs futures responsabilités dans un Congo indépendant. Par conséquent, après l'indépendance, les Congolais n'étaient pas suffisamment prêts pour être en charge de l'administration.

Lors de son discours du jour de l'indépendance, Lumumba a déclaré: "De cette lutte, faite de larmes, de feu et de sang, nous sommes fiers jusqu'au plus profond de notre être, car c'était une lutte noble et juste, absolument nécessaire pour mettre fin à l'esclavage humiliant qui nous avait été imposé par la force. Tel a été notre destin pendant quatre-vingts ans de domination coloniale; nos blessures sont encore trop fraîches et trop douloureuses pour que nous puissions les effacer de nos mémoires". C'est ce discours qui a suscité chez les Belges une haine profonde à son égard. Le roi des Belges, Baudouin, fut profondément offensé lorsqu'il entendit ce discours et voulut partir immédiatement et retourner en Belgique. Mais pour des raisons d'État, il est resté et s'est rendu au dîner officiel où Lumumba a prononcé un discours qui convenait mieux à la Belgique. Mais le mal était déjà fait. À propos, si l'on lit attentivement tout le contenu du discours de Lumumba, on comprendra qu'il ne menaçait pas de rendre la vie des Belges au Congo malaisée. Il ne faisait que dire la vérité sur les soufrances psychologiques et physiques des congolais pendant la période coloniale, notamment, après avoir entendu le discours du roi Baudouin qui louait la grandeur du roi Léopold II, fondateur de l'État libre du Congo, sachant très bien que ce dernier avait commis un génocide au Congo en tuant des millions de Congolais innoncents, et aussi la réponse du président Kasavubu remerciant les Belges pour leur mission civilisatrice au Congo. En qualité de leader de la majorité dans le pays, Il s'est trouvé dans l'obligation de répondre au roi des Belges qui, par son discours, a offensé davantage le peuple Congolais le jour de son indépendance. Et il a clairement indiqué qu'en tant que nouveau Premier Ministre, il serait d'abord au service des Congolais, mais qu'il souhaitait vivement avoir une bonne relation de travail avec la Belgique. Comme nous pouvons le contater, il s'agissait simplement d'une propagande belge dirigée contre Lumumba afin de l'affaiblir.

Mais n'ayant pas réussi à faire tomber Lumumba par le biais de la mutinerie, les dirigeants belges ont utilisé les sécessions du Katanga et du Sud-Kasaï comme des parcours d'obstacles à travers lesquels il pouvait être piégé. En raison du soutien considérable des États-Unis et de la Belgique à la sécession du Katanga, et de la réticence des Nations Unies à recourir à la force pour y mettre fin, Lumumba a demandé et reçu une aide militaire de l'Union Soviétique en août 1960. Le 1er septembre 1960, les troupes de l'ANC avaient réussi à envahir le Sud-Kasaï et avançaient vers le Katanga. Effrayé par les rapports sur l'audace de ces troupes, Moise Tshombe, le leader sécessionniste, a fait appel au président Kasavubu, son allié modéré et fédéraliste, pour arrêter la campagne antisécessionniste de Lumumba. L'action militaire de l'ANC au Sud-Kasaï a entraîné des massacres de civils innocents. Ce facteur critique a donné à Kasavubu l'élan nécessaire pour passer à l'action contre Lumumba. Le secrétaire général des Nations Unies, Hammarskjöld, ayant cyniquement exploité ces massacres malheureux en les qualifiant de "génocide" contre les Luba du Kasaï; Kasavubu a trouvé commode de blâmer le Premier Ministre, tout en épargnant le chef d'état-major de l'ANC, Mobutu, et les commandants de terrain. Patrice Lumumba, lui, a été accusé du péché de communisme, et du crime de génocide. Pour ses ennemis à Washington et à Bruxelles, c'était, au moins officiellement et pour des raisons de propagande, la goutte d'eau qui a fait déborder le vase. Cela leur a fourni une justification facile pour écarter du pouvoir et finalement assassiner un leader nationaliste et révolutionnaire qui menaçait leurs intérêts néocoloniaux au Congo.

Pendant ce temps, le gouvernement américain dirigé par le Président Dwight D. Eisenhower craignait que la République du Congo sous la direction de Lumumba ne tombe dans la sphère d'influence des Soviétiques. Et pour le gouvernement américain, Lumumba était une personne qui avait été dépeinte comme un Castro ou pire. Par conséquent, les dirigeants américains avaient décidé d'utiliser leur pouvoir pour mettre fin à son leadership par tous les moyens. Lorsque le président américain a rencontré son Conseil National de Sécurité le 18 août 1960, après avoir été informé par ses assistants de la situation au Congo, il leur a demandé s'ils pouvaient se débarrasser de ce "type". Pour Allen Dulles, le patron de la CIA, il s'agissait d'une directive présidentielle pour assassiner Lumumba. Il a ensuite donné des instructions à Sidney Gottlieb, le plus grand scientifique de la CIA, qui devait atterrir à Kinshasa équipé d'une substance mortelle à base de venin de cobra à appliquer sur la nourriture ou le dentifrice de Lumumba. Lawrence Devlin, le chef de la station de la CIA à Kinshasa et l'homme qui avait recruté Mobutu pour la CIA, était contre ce type d'aventure ridicule, car le meilleur plan d'action était de travailler avec les rivaux congolais de Lumumba pour l'éliminer politiquement et, peut-être plus tard, physiquement.

Pourtant, avec la clarté de la sagesse, Lumumba n'était probablement rien de plus qu'un politicien populiste et nationaliste aux tendances radicales. Il a souvent dit aux journalistes européens qui lui demandaient s'il était communiste, qu'il devait toujours rire si quelqu'un lui posait cette question. Lumumba a été très clair: il n'était pas communiste et ne le deviendrait jamais. Il est douteux que l'idéologie soviétique ou le marxisme l'aient influencé. Au contraire, ignorant les Soviétiques, Lumumba a directement fait appel à l'Occident pour qu'il l'aide à mettre fin à la sécession du Katanga et à retirer les troupes belges de son pays. En fait, les voyages de Lumumba en quête d'aide l'ont conduit aux États-Unis, mais jamais en Union Soviétique ou dans les pays de l'Est. En juillet 1960, Lumumba se rend à Washington. Malgré le fait qu'il ne puisse pas rencontrer le président Eisenhower, il demande au secrétaire d'État Christian Herter l'aide des États-Unis. Même s'il a été repoussé au niveau officiel, il a continué à chercher de l'aide auprès des Américains dans le secteur privé. Il a signé un accord avec le Fonds Phelps-Stokes pour le recrutement d'Afro-Américains pour servir au Congo. Lumumba n'a jamais utilisé sa radio pour dénoncer les États-Unis. En août 1960, il a dit à son peuple de placer sa confiance dans les États-Unis qui sont un grand ami. Il a également déclaré qu'il enverrait trois cents étudiants congolais aux États-Unis pour y être formés.

Mais toutes ces initiatives ne pouvaient pas modifier la perception dominante de la Maison Blanche qui considérait Lumumba comme un outil des intérêts soviétiques. Les États-Unis souhaitaient des interventions extérieures pour restaurer la légitimité du gouvernement central de la République du Congo, mais sans Lumumba aux commandes. Par conséquent, ils prévoyaient d'empêcher la consolidation politique de Lumumba, sans doute l'homme politique congolais le plus populaire. En outre, il ne faisait plus guère de doute que les États-Unis étaient la principale force derrière l'éviction et l'assassinat de Lumumba. Dans leurs tentatives pour l'écarter du pouvoir, les États-Unis se sont assurés qu'il ne pouvait pas compter sur le soutien de l'armée, et dans cette tentative, Mobutu était d'une importance capitale. Dans le cas de l'aide soviétique à Lumumba, les actions de l'ONU faisaient également partie d'une campagne de propagande plus large visant à convaincre l'opinion publique mondiale que Lumumba était déterminé à permettre l'expansion soviétique au coeur de l'Afrique. La campagne faisait partie de la préparation psychologique nécessaire à un coup d'État majeur au Congo, un coup d'État inspiré et soutenu par les puissances occidentales. Pour que ce coup d'État réussisse, le soutien du secrétaire général des Nations Unies, Hammarskjöld, était indispensable.

Les raisons pour lesquelles Lumumba a suscité une émotion aussi intense ne sont pas immédiatement évidentes. À l'époque, l'ordre du jour pour les nationalistes et les politiciens était l'indépendance et la liberté économique, et Lumumba y croyait vraiment. Les gens ont compris qu'il ne s'agissait pas de slogans de campagne vides destinés à gagner des voix, mais qu'il y avait là un homme qui n'était pas prêt à faire des compromis sur l'indépendance de son pays et sur ses principes. C'est pourquoi ils étaient tous contre lui. Il n'y avait pas que la presse. Il y avait aussi les missions religieuses, en particulier les catholiques, qui étaient fortement opposées à Patrice Lumumba. Et même d'autres hommes politiques, qui défendaient les mêmes politiques, n'ont pas été attaqués de la même manière. Ce n'était que la propagande des puissances occidentales et de la Belgique. Le point de vue de Lumumba n'était pas exceptionnel. Il était pour un Congo unitaire et contre la division du pays selon des lignes tribales ou régionales. Comme de nombreux autres leaders africains, il soutenait le panafricanisme et la libération des territoires coloniaux. Il a proclamé que son régime était celui du "neutralisme positif" qu'il définissait comme un retour aux valeurs africaines et le rejet de toute idéologie importée, y compris celle de l'Union Soviétique.


## LE RÔLE DE LA MUSIQUE DANS LA POLITIQUE DU CONGO

Au Congo, la musique et la danse sont des moyens puissants pour exprimer la révérence et les louanges envers les personnes de pouvoir, comme un leader politique, un chef de tribu, un président, un roi, un chef religieux, etc. Elles sont également des moyens de divertissement de premier ordre dans les diverses rencontres sociales.

En effet, dans le Congo traditionnel, les styles musicaux variaient en fonction des styles politiques et sociaux. Là où il existait des royaumes forts ou de grandes chefferies, la musique de louange pour le roi ou le chef suprême était plus complexe et plus élaborée. C'était le cas chez les Mangbetu qui vivent entre les rivières Uele et Bomokandi dans le Haut-Congo. La musique de cour reflétait le pouvoir et la splendeur du roi. En particulier, le roi Mbunza, qui a régné au XIXe siècle, était un grand roi. On trouvait d'énormes instruments de musique à la cour du roi. Des instruments symbolisant sa puissance ne pouvaient être trouvés nulle part ailleurs, tels que la double cloche en fer, les grandes cornes en ivoire et certains types de tambours à fente. De nombreux et imposants groupes musicaux se produisaient pour le roi, dont certains musiciens célèbres invités personnellement par le roi à vivre à la cour tout en gagnant leur vie grâce aux terres fournies par le souverain. Ils jouaient de certains instruments de musique à des fins diverses. La double cloche annonçait le départ du roi pour une bataille, sa visite à un sous-chef ou son retour à la cour. Certains types de tambours à fente, qui étaient joués individuellement ou en combinaison, servaient de nombreux objectifs tels que l'éloge du pouvoir du roi, le renforcement de l'autorité des sous-chefs en tant que représentants du roi. Les tambours à fente transmettaient des messages concernant les grands événements de la vie tels que la naissance, la mort, un grand festin, une grande expédition de chasse ou une guerre. Pendant les fêtes dansantes, les tambours à fente pouvaient être utilisés pour demander des boissons pour les musiciens ou pour inviter un spectateur à danser. Les sifflets étaient largement utilisés par les musiciens de la cour et les roturiers à des fins diverses.

En effet, à cette époque, les Congolais faisaient et écoutaient une musique intimement liée aux arts visuels et dramatiques ainsi qu'au tissu plus large de la vie quotidienne. Les tambours et les danses faisaient partie de toutes les occasions festives, qu'il s'agisse de saluer ou de promouvoir un dirigeant politique, de rassemblements de campagne, de manifestations politiques, de batifoler dans le village ou de se produire lors d'un événement culturel. En raison de l'importance accordée au rythme, les tambours étaient peut-être le plus important des instruments traditionnels et certains étaient utilisés depuis longtemps pour communiquer et faire de la musique. Ces tambours parlants pouvaient être entendus sur de longues distances et transmettaient leurs messages en utilisant une gamme de tons et de tonalités qui imitent ceux des mots parlés. Dans certaines traditions, le tambourinage lent et rythmique signifiait la mort. Un rythme lent joué cinq fois signifiait la mort d'un chef; quatre fois, celle de la femme du chef; et trois fois, celle du fils du chef. Un rythme rapide signifiait l'urgence et le besoin de retourner immédiatement à la maison. Deux types de spécialistes participaient à la transmission des messages par les tambours: ceux qui les envoyaient depuis l'origine et ceux qui les décodaient et les interprétaient à destination. Parfois, des stations relais transmettaient les messages par les tambours aux villages suivants.

De plus, chaque tribu congolaise a sa propre façon de jouer de la musique. Et ces musiques tribales traditionnelles ont une instrumentation diversifiée, des rythmes variés, des mélodies colorées, une inspiration et un assemblage de mots. Les principaux instruments utilisés dans le Congo traditionnel étaient les tambours, les sifflets, les flûtes, les cornes, les cloches métalliques, etc. Mais, les différentes tribus du Congo ont fabriqué un grand nombre d'instruments de musique différents les uns des autres et regroupés en quatre familles: les membranophones (instruments de percussion), les aérophones (instruments à vent), les cordophones (instruments à cordes) et les idiophones (instruments produisant des sons par eux-mêmes). À l'époque coloniale, ces tribus utilisaient leur musique pour informer politiquement leur peuple et entrer en contact avec les tribus voisines. Elles pouvaient également exprimer leurs sentiments à l'égard de la domination coloniale à un niveau personnel, en exprimant leur hostilité, par exemple, dans des chansons populaires qui se moquaient du colonisateur. Dans la province du Bas-Congo d'où viennent mes parents, pendant le régime colonial, les chansons de mécontentement à l'égard de l'autorité coloniale contenaient des messages codés invitant la population à des lieux secrets, où elle exposait et débattait des causes du mécontentement et des stratégies pour y faire face. Mais la réaction du gouvernement colonial a été d'éradiquer ces coutumes tribales, comme la danse, la musique, les langues et les cérémonies d'initiation. Les missions catholiques et protestantes ont donc converti de force la population congolaise au christianisme dans sa forme européenne particulière. L'acceptation du christianisme a souvent divisé les communautés congolaises. Mais malgré cela, la musique traditionnelle congolaise a survécu. Avec les premières associations basées sur les caractéristiques ethniques, la musique a joué un rôle important pour faire connaître les leaders politiques tribaux dans tout le Congo. En outre, elle a été l'un des facteurs qui ont contribué à accroître la conscience politique des Congolais.

Avant même l'indépendance, les artistes congolais, en particulier les musiciens, ont montré un grand intérêt pour la politique et la vie sociale. Le plus souvent, ils agissent comme des critiques sociaux. La chanson "Tôt ou tard, le monde changera (Ata ndele)", autrefois très populaire, a été composée par le musicien congolais Adou Eyenga en 1955, l'année où le jeune roi belge

Baudouin a visité le Congo pour la première fois. La même année, les statuts, qui reconnaissent les élites congolaises émergentes appelées "évolués" comme une catégorie sociale distincte, sont promulgués. De nombreux autres signes du vent de changement qui souffle sur l'Afrique sont perceptibles au Congo belge. Comme le dit le chanteur, "tôt ou tard, l'homme blanc sera renversé, tôt ou tard, le monde sera purifié, tôt ou tard, le monde sera bouleversé". Dans les années 1960, les musiciens s'en prennent au comportement des nouveaux politiciens congolais. En particulier, les politiciens qui, du jour au lendemain, avaient beaucoup d'argent et voulaient que tout le monde le remarque. Ils ont rapidement perdu le respect des masses congolaises qu'ils souhaitaient impressionner, car tout le monde savait que c'était l'argent volé au peuple. Les musiciens congolais ont toujours joué ce rôle de critiques sociaux, mais parfois, ils se comportent comme des troubadours au service des politiciens, surtout du Président. Les chansons faisant l'éloge de tel ou tel personnage politique sont trop nombreuses pour être citées ici.

La musique de danse moderne congolaise, appelée "rumba" ou "soukous" dans le monde, est populaire dans toute l'Afrique subsaharienne depuis les années 1950. À cette époque, le monde de la musique à Kinshasa connaissait de grands changements. Cette rumba congolaise est devenue une version congolaise passionnante et rythmiquement complexe de la rumba cubaine, une combinaison de jazz, de musique traditionnelle et de rythmes d'influence latine. S'éloignant de la simple construction de mélodies à partir du répertoire traditionnel, les musiciens congolais ont composé des oeuvres plus originales, reflétant les problèmes de leur propre vie en chanson et certains ont entièrement consacré leurs chansons aux thèmes de l'indépendance nationale. Cette évolution s'explique en partie par l'intégration d'une instrumentation moderne provenant de sources extérieures à l'Afrique. Cette instrumentation se composait de guitares électriques, de claviers, de trompettes, de saxophones, de tambours de conga, de pianos et de batteries de style occidental. En plus des transmissions radio, les compagnies d'enregistrement ont apporté des thèmes musicaux lointains dans les studios, les bars et les maisons individuelles.

Cette musique congolaise moderne était déjà très populaire dans les années 1930 et 1940 dans le pays, en particulier à Kinshasa, et il s'agissait principalement d'une musique de danse privilégiée dans les grands clubs de danse traditionnels en plein air où l'orchestre jouait et la bière coulait à flots souvent jusqu'à l'aube. Les premiers musiciens congolais à gagner en popularité dans tout le pays sont Antoine Wendo, Paul Kamba, Antoine Kasongo, Tekele Monkango, etc. Kinshasa a été l'un des premiers centres d'enregistrement en

Afrique. Les premiers enregistrements de la musique congolaise auraient été réalisés à partir de 1947 par les musées coloniaux. Au cours des années 1950, la rumba a reçu une saveur rythmique typiquement congolaise grâce aux pionniers de la musique moderne tels que le compositeur et chef d'orchestre Joseph Kabasele "le Grand Kalle", le guitariste "Franco" Luambo Makiadi, le "docteur" Nico Kasanda, Tabu Ley "Rochereau" etc. Par conséquent, depuis les années 1950, les musiques congolaises font danser toute l'Afrique grâce à la diffusion du lingala (l'une des quatre langues nationales de la République Démocratique du Congo), à la puissance des émetteurs des radios congolaises qui couvrent une grande partie du continent et à la qualité indéniable de cette musique festive. Le modèle établi par ces pionniers de la musique congolaise a été suivi par un certain nombre de musiciens d'aujourd'hui comme Papa Wemba, Koffi Olomide, Evoloko Atshuamo, Fally Ipupa, Kester Emeneya, Lokua Kanza, Ferre Gola, etc, qui, grâce à eux, la musique congolaise est plus populaire que jamais en Afrique et dans le monde. Ils ont certainement acquis la capacité d'arranger et de combiner les sons pouvant être produits par la voix humaine et par les instruments de musique.

De belles chansons ont été écrites par Joseph Kabasele Kalle qui a souvent fait l'éloge de Patrice Lumumba. Il a défendu la cause de l'unité nationale et du panafricanisme dans la plupart de ses célèbres chansons. C'est par l'une d'elles, indépendance cha cha "Kimpwanza" qui est diffusée au Congo par Radio Congo Belge, que les Congolais apprennent l'indépendance de leur pays. Cette chanson s'impose aussitôt comme l'hymne des mouvements anticolonialistes dans toute l'Afrique subsaharienne et devient le premier tube panafricain. En composant cette musique spontanée et naturelle, bien connue sur tout le continent africain et à l'étranger, Joseph Kabasele faisait référence à la conférence de la Table ronde de Bruxelles ouverte le 20 janvier 1960. Au cours de cette conférence, les quarante-quatre délégués congolais conduits par Lumumba ont exigé du gouvernement belge deux engagements avant toute discussion de l'ordre du jour: premièrement, que la date de l'indépendance soit fixée, et deuxièmement, que le gouvernement considère les résolutions de la conférence comme contraignantes. Le gouvernement belge concède sur les deux points et l'indépendance est fixée au 30 juin 1960.

Patrice Lumumba a fait l'expérience du véritable pouvoir de la musique en politique. Bien que son parti politique ne soit pas fondé sur les caractéristiques ethniques, il est l'un des rares leaders politiques congolais dont le nom est souvent mentionné dans de nombreuses chansons tribales. Dans chaque ville, chaque village qu'il a visité, les musiciens locaux ont écrit des chansons sur lui, en utilisant les mots les plus puissants de ses discours. Dans certains endroits, il se déplaçait dans un "kipoyi", une chaise spéciale portée par deux personnes à l'avant et deux à l'arrière, un privilège réservé à une personne très importante. Les porteurs chantent souvent en exécutant cette tâche. Ils utilisent trois stratégies pour alléger le fardeau qui pèse sur leurs épaules. La première est la marche qui est exécutée de manière rythmique. La deuxième est un mouvement de va-et-vient. Les porteurs s'arrêtent, reculent et avancent plusieurs fois avant de reprendre leur marche régulière. La troisième stratégie consiste à ajouter une chanson à la marche et au mouvement de va-et-vient.

En définitive, les musiciens congolais ont beaucoup contribué au charisme de Patrice Lumumba, en utilisant le pouvoir de la musique pour diffuser la philosophie et l'idéologie de son parti dans tout le Congo, sur le continent africain et à l'étranger. Ils ont réussi en grande partie parce que Lumumba est devenu très populaire dans le monde et c'est lui qui a remporté les élections et est devenu le Premier ministre à l'indépendance. Après son assassinat, de nombreux musiciens de renommée mondiale, y compris des Américains et des musiciens de reggea, ont écrit des chansons sur lui. Ils ont fait l'éloge de Patrice Emery Lumumba car il était un grand atout pour la République Démocratique du Congo et l'Afrique, un leader très charismatique qui est mort trop tôt.

# CONCLUSION

LE 30 JUIN 1960, LE Congo belge est devenu un État indépendant sous le nom de République du Congo. Les Belges étaient prêts à laisser le Congo dans une relation de dépendance politique et économique vis-à-vis de la Belgique qui pouvait durer cent ans. En effet, les Belges étaient tout à fait prêts à céder le pouvoir politique aux leaders politiques congolais tant qu'ils restaient maîtres des vastes ressources économiques des provinces du Katanga, du Kasaï et du Kivu. Par conséquent, tout au long de la période coloniale, ils ne se sont pas vraiment souciés de préparer une élite congolaise capable de prendre en charge l'administration. Au contraire, le 30 Juin 1960, c'est comme s'ils avaient mis un leadership congolais au volant d'une voiture roulant à 200 km/h, sachant qu'il n'avait jamais conduit. Un véritable apprentissage!

Cependant, ce qui a le plus nui aux leaders politiques congolais, c'est leur manque de formation en économie et en finance. Pendant la période coloniale, les Belges n'ont pas voulu créer d'universités dotées de solides programmes en économie et en finance, ni offrir de bourses d'études à l'étranger dans ces disciplines. Au lieu de cela, ils ont créé une classe légale d'évolués qui seraient mieux éduqués, mieux formés, mieux logés et nourris, et plus modernisés en termes d'acceptation du christianisme et d'autres attributs de la civilisation occidentale que leurs compatriotes. Pourtant les "évolués" étaient en fait des eunuques politiques. On devait les empêcher de développer des aspirations politiques. Les partis et autres associations susceptibles de devenir politiques étaient interdits jusqu'à la veille de l'indépendance. L'enseignement scolaire s'arrêtait brusquement à la fin du niveau secondaire pour tous, à l'exception des prêtres.

En effet, on estime qu'il n'y avait qu'une douzaine de diplômés d'université dans une société de 16 millions d'habitants en 1960, l'année de l'indépendance. Bien que des congolais aient été formés pour faire fonctionner la plupart des machines minières compliquées, il n'y avait pas un seul congolais à un poste de supervision dans aucune des opérations minières du pays. Le produit final de cette entreprise était un congolais qui n'était pas belge, qui n'était plus tribal et qui n'était que partiellement moderne. Les évolués étaient devenus pratiquement des étrangers dans leur propre société. Malgré la promesse que l'éducation et un style de vie transformé leur apporteraient un statut amélioré et de plus grandes récompenses matérielles, ils sont devenus en fait presque des "non-personnes", pris entre deux mondes. En effet, l'évolué devait rester dans les limbes psychologiques et politiques sans avenir. Le Congo n'était destiné ni à l'indépendance, ni à l'incorporation dans l'État belge; il devait plutôt avoir une association avec la Belgique dans un statut subordonné, pendant cent ans. En dépit de ses plans, l'expérience belge ne pouvait être isolée des forces qui se manifestaient dans d'autres parties du continent africain et qui conduisaient les Africains à réclamer l'indépendance politique. Le retard de la Belgique dans la création d'institutions territoriales pertinentes pour les Congolais, sa réticence à leur permettre de s'identifier à la communauté nationale en développement, son interdiction des partis politiques jusqu'à environ deux ans avant l'indépendance expliquent en grande partie non seulement la nature explosive de la naissance du Congo en tant qu'État indépendant, mais aussi les nombreux problèmes qui ont affligé la société congolaise.

A l'origine, représentant leurs tribus, les leaders politiques congolais sont devenus des députés élus essentiellement par des personnes appartenant à la même tribu qu'eux. Ces nouveaux politiciens pensaient naïvement qu'en portant des lunettes et des stylos, ils auraient l'air intellectuel. En réalité, leurs objectifs premiers n'étaient pas d'améliorer le niveau de vie des Congolais, ni même celui des membres de leur tribu. Ils ne se souciaient seulement que d'avoir un bon revenu et de se faire un nom en tant qu'hommes politiques dans le nouvel État indépendant du Congo. C'est cette classe d'hommes politiques qui, après l'indépendance, a entraîné le pays dans une guerre civile qui a fait des millions de morts.

Patrice Emery Lumumba, sans cesse, parlait d'indépendance et d'unité nationale à ces politiciens tribaux qui ne s'intéressaient qu'au pouvoir pour l'exercer sur leurs frères et soeurs. Il a essayé de parler de la révolution à des millions d'hommes et de femmes. Arrivé trop tôt sur la scène politique de son pays, il était comme un extraterrestre parlant une langue que personne n'était en mesure de comprendre. Lumumba est mort parce qu'il était en avance sur son temps. Il était sûrement le génie donné qui est arrivé trop tôt. C'était un grand leader qui n'a pas eu l'occasion d'exercer son talent de leader. Tout au long de sa fonction de Premier Ministre, il n'avait pas eu la chance de diriger la République Démocratique du Congo parce que les Belges et surtout les Américains en avaient décidé autrement. Il a été assassiné parce qu'il voulait changer les choses, en premier lieu, le monopole des richesses.

Néanmoins, Patrice Emery Lumumba est devenu depuis son assassinat un héros et un martyr pour beaucoup de gens dans le monde, et beaucoup d'Africains croient encore à son rêve d'une Afrique unie dans la poursuite de ses propres intérêts politiques et de son développement économique. Son nom a été exceptionnellement donné à des rues, des écoles et des universités dans de nombreux pays du monde entier, par exemple, l'Univérsité Patrice Lumumba à Moscou et des films ont même été réalisés sur lui, par exemple, le film de Raoul Peck sur Patrice Lumumba, "la mort d'un prophète", a été projeté dans les cinémas du monde entier.

Patrice Lumumba est assurément l'une des figures légendaires de l'histoire africaine moderne. Comme Malcolm X, on se souvient de lui moins pour ses réalisations durables que comme un symbole durable de la lutte pour l'autodétermination. Il est décrit comme un géant, un diable, un mystique de la liberté, l'Abraham Lincoln de la politique africaine et un prophète. Un prophète qui annonçait l'avenir, mais l'avenir est mort avec le prophète. Au Congo, en Afrique, on dit que c'est un géant, un baobab, qui est tombé cette nuit-là dans la province du Katanga, et l'eau qui tombe du ciel, l'eau qui tombe des yeux, l'eau qui se jette dans le fleuve, toutes ces eaux ont crié plaintivement là où la mort avait le visage d'un prophète. En effet, Patrice Lumumba est appelé prophète par de nombreuses personnes à travers le monde pour diverses raisons. Mais, je pense qu'il est prophète particulièrement à cause de sa mort qui rappelle mystérieusement celle de Jésus-Christ. Comme Jésus-Christ a été trahi par l'un de ses proches Judas, de la même manière, Lumumba a été trahi par Mobutu, l'un de ses proches; Jésus-Christ a été tué avec deux autres personnes à ses côtés, de la même façon, Lumumba a été tué avec deux autres personnes à ses côtés; Jésus-Christ est mort à l'âge de 33 ans, presque comme Lumumba mort à l'âge de 35 ans. Tous deux ont été humiliés en public et ont connu une mort douloureuse, et leurs corps n'ont jamais été retrouvés. Quelle coïncidence!

Quoi qu'on dise maintenant, aujourd'hui, ses fils et filles du monde entier pleurent, sans l'avoir jamais connu. Son message s'est évanoui, mais son nom demeure. Faut-il ramener le prophète à la vie? Faut-il lui donner la parole une dernière fois? La prophétie de Patrice Lumumba ne sera pas réduite au silence tant que la République Démocratique du Congo et tous les pays africains n'auront pas obtenu leur deuxième indépendance où les promesses de la première doivent être accomplies.

*"L'histoire aura un jour son mot à dire, mais ce ne sera pas l'histoire qui est enseignée à Bruxelles, Paris, Washington ou aux Nations Unies, mais l'histoire qui sera enseignée dans les pays libérés de l'impérialisme et de ses marionnettes. L'Afrique écrira sa propre histoire, et au nord et au sud du Sahara, ce sera une histoire glorieuse et digne."*

**Patrice Emery Lumumba**

## Références

*Histoire du Congo*, Robert Cornevin.
*Rise and Fall of Patrice Lumumba*, Thomas Nkanza.
*Lumumba's Congo*, Washington Okumu.
*L'Afrique noire est mal partie*, Dumont R. Paris, Le Seuil.
*Zaire what destiny*, Kamkwenda Mbaya.
*The Rise and Decline of the Zaïrian state*, Crawford Young, Thomas Turner.
*The Crisis in Zaïre, Myths and Realities*, Georges Nzongola Ntalaja